수행의 서
The Book of the Training

윤종수 성서 명상 시선

수행의 서 The Book of the Training

2018년 11월 26일 초판 1쇄 인쇄
2018년 11월 30일 초판 1쇄 발행

지 은 이 | 윤종수
펴 낸 이 | 김영호
펴 낸 곳 | 도서출판 동연
등   록 | 제1-1383호(1992. 6. 12)
주   소 | 서울시 마포구 월드컵로 163-3
전   화 | (02)335-2630
전   송 | (02)335-2640
이 메 일 | yh4321@gmail.com

ISBN 978-89-6447-457-0   03230
ISBN 978-89-6447-450-1   03230 (세트)

윤 종 수 성 서 명 상 시 선

수 행 의 서

The Book of the Training

동연

사는 것이 수행이다.

일어나는 것이 수행이요

먹는 것이 수행이며

말하는 것이 수행이고

잠자는 것이 수행이다.

길을 걸음이 수행이며

쉬는 것이 수행이다.

오늘도 나는 그와 함께

수행의 길을 걸어간다.

차례

프롤로그 · 14

1장

마음

지혜와 훈계 · 18 / 나의 영 · 20 / 감추어진 보배 · 22 / 신실 · 24 / 근신 · 26 / 수치 · 28 / 명철 · 30 / 의인의 길 · 32 / 마음을 지키라 · 34 / 바른 눈 · 36 / 든든한 발 · 38 / 스올 · 40 / 존영(尊影) · 42 / 너의 샘 · 44 / 혼미(昏迷) · 46 / 스스로 구원하라 · 48 / 일어나라 · 50 / 불을 품고 · 52 / 간직 · 54 / 눈동자 · 56 / 미혹 · 58 / 부름 · 60 / 밝음 · 62 / 찾는 자 · 64 / 연습 · 66 / 시작 · 68

2장

지혜

생명의 해 · 72 / 재물 · 74 / 생명의 샘 · 76 / 하늘의 복 · 78 / 지혜의 낙 · 80 / 정직한 자의 성실 · 82 / 곧게 · 84 / 삼가라 · 86 / 의인의 소원 · 88 / 간절히 · 90 / 생명나무 · 92 / 굳게 · 94 / 의인의 생각 · 96 / 탐욕 · 98 / 수욕 · 100 / 희락 · 102 / 의인의 빛 · 104 / 멸시 · 106 / 지혜의 교훈 · 108 / 선한 지혜 · 110 / 지혜의 동행 · 112 / 유산 · 114 / 경작 · 116 / 세움 · 118 / 보전 · 120 / 떠나라 · 122

3장

선의

자기의 길 · 126 / 선의 · 128 / 결국 · 130 / 소유 · 132 / 조급 · 134 / 유순한 대답 · 136 / 지혜의 혀 · 138 / 치유의 혀 · 140 / 제사 · 142 / 배반 · 144 / 근심 · 146 / 잔치 · 148 / 대로 · 150 / 때의 말 · 152 / 생명의 길 · 154 / 무게 · 156 / 밝음 · 158 / 생명의 경계 · 160 / 경히 여김 · 162 / 겸손 · 164 / 마음의 경영 · 166 / 적당하게 · 168 / 화목하게 · 170 / 백발 · 172 / 마음의 연단 · 174 / 들음 · 176 / 멸시 · 178 / 합당 · 180 / 허물 · 182

4장

통찰

미움 · 186 / 위급 · 188 / 재앙 · 190 / 미련한 자 · 192 / 악한 자 · 194 / 깊은 물 · 196 / 영혼의 그물 · 198 / 자기의 일 · 200 / 심령 · 202 / 지식의 소원 · 204 / 통찰 · 206 / 계명 · 208 / 권고 · 210 / 계획 · 212 / 원함 · 214 / 심판 · 216 / 다툼 · 218 / 게으른 자 · 220 / 사람의 걸음 · 222 / 정의 · 224 / 눈이 높은 것 · 226 / 안개 · 228 / 곧음 · 230 / 명예 · 232

5장

위풍

능숙 · 236 / 허무 · 238 / 부러움 · 240 / 영화 · 242 / 영예 · 244 / 제어 · 246 / 내일의 자랑 · 248 / 칭찬 · 250 / 주린·자 · 252 / 투영 · 254 / 도망 · 256 / 가증한 기도 · 258 / 풍족 · 260 / 억제 · 262 / 묵시 · 264 / 미련한 자의 희망 · 266 / 성내는 자 · 268 / 하루의 기도 · 270 / 견딜 수 없는 것 · 272 / 가장 지혜로운 것 · 274 / 위풍 · 276 / 너의 손 · 278 / 너의 힘 · 280 / 입을 열라 · 282 / 신원 · 284

에필로그 · 286

프롤로그(Prologue)

내가 살아가는 세상은
수행의 세상이다.
내가 살아가는 모든 것은
수행의 과정이다.

아침에 일어나는 것은
중요한 수행이다.
하루를 어떻게 시작하느냐에
하루의 성패가 달려있다.

여기 산길에선
버스를 타는 것도 수행이다.
통로까지 짐으로 가득 차
그 위를 밟고 지나간다.

길을 걸어가는 것은
걷는 수행이다.
나에게 주어진
나를 극기하는 시간이다.

밥을 먹는 것은
즐거운 수행이다.
맛있게 깨끗하게

천천히 음미한다.

밥을 먹지 않는 것은
또 다른 수행이다.
사람이 밥으로만
사는 것이 아니다.

먹을 때가 있으면
금식할 때가 있다.
삶이 수행이 아니라면
세상이 얼마나 힘들겠는가?

그러나 모든 것이 수행이라면
인생은 견딜 만한 것이다.
오늘도 나는 최선을 다해 살아간다.
주어진 나의 삶을 완성해 나간다.

1 장

마음

1. 지혜와 훈계

언제나 자신을
갈고 닦으라.
내면의 빛을 통찰하라.
너의 빛이 어디에서 나오는가?

그 빛을 찾으라.
너의 영혼을 비추고
자신의 존재를 밝히는
그 빛을 잃어버리지 말라.

깨어서
하늘의 지혜를 찾고
빛을 찾는 자신의
수행에 전념하라.

지혜가 없는 수행은
형상이 없는 것이고
수행이 없는 지혜는
생명이 없는 것이니

발걸음 하나,
내 뱉는 숨 한결,

입에서 나오는 말 한마디가
수행의 삶이 되게 하라.

올바른 생각을 하고
의로운 삶을 살며
정직한 행동이 너에게서
흘러나오게 하라.

단순한 자를 슬기롭게 하고
젊은 자에게 분별을 주며
진리에 대한 앎이
생명에 이르게 하라.

거룩한 삶을 살라.
그것이 지식의 근본인 것이니
어리석은 자는
지혜와 훈계를 멸시하느니라.

여호와를 경외하는 것이 지식의 근본이거늘 미련한 자는 지혜
와 훈계를 멸시하느니라. Proverbs 1:7

2. 나의 영

지혜가 너를 부른다.
마음을 모아
그 소리를 들으라.
듣는 자는 살아나리라.

어리석은 자들은 우매를 좋아하며
거만한 자들은 거만을 기뻐하며
미련한 자들은 미련을 자랑하니
사람은 자기 상태를 따르게 된다.

내가 불렀으나
듣기를 싫어하고
내가 손을 폈으나
돌아보는 자가 없다.

지혜를 멸시하며
자기 수행을 거부하니
두려움이 광풍 같이 임하겠고
재앙이 폭풍같이 임할 것이다.

그렇게 하여
근심과 슬픔이 임하리니

자기 행위의 열매를 먹을 것이고
자기 꾀에 빠지게 되리라.

어리석은 자의 퇴보는
자기를 죽이며
미련한 자의 안일은
자기를 멸망시킬 것이니

소리를 듣는 자는
평안히 거하며
재앙의 두려움을 몰아내어
안전을 누리게 되리라.

천지에 가득한
지혜의 소리를 들으라.
날마다 그 소리를 따라
나의 자리로 나아오라.

내가 나의 영을 너희에게 부어주며 내 말을 너희에게 보이리
라. Proverbs 1:23

3. 감추어진 보배

매일 아침
그를 찾는다.
항상 그 앞에 서있다.
흐트러진 모습을 보이지 않는다.

영혼을 모아
귀를 기울인다.
그렇지 않은 삶이
무슨 의미가 있으랴?

차가운 명철에
마음을 쏟는다.
통찰을 부르며
자각을 구한다.

그리하여
경건의 삶으로
존재의 신성을
깨닫게 된다.

지혜를 구하며
명철을 입에서 내고

정직한 삶을 살아간다.
온전한 행실을 추구한다.

정의의 길을 따르며
거룩한 길을 걷는다.
올바른 길을 찾으며
의로운 길을 생각한다.

지혜가 마음에 들어가며
지식으로 영혼을 즐겁게 한다.
수행이 자신을 지킬 것이며
명철이 그를 보호할 것이다.

악한 자의 길과
패역한 길에서
그가 우리를 건져낼 것이다.
그가 우리를 이끌어 내리라.

은을 구하는 것 같이 그것을 구하며 감추어진 보배를 찾는 것
같이 그것을 찾으면. Proverbs 2:4

4. 신실

사랑은 진리를 따르는 것이다.
편협하고
이기적인 사랑은
오히려 진리를 거스를 뿐.

사랑이란
삶에 신실한 것이다.
삶에 신실하지 못한 자는
진실을 사랑할 수가 없다.

사랑한다 하면서
하늘의 소리를
따르지 않는 것은
자기의 욕망을 따르는 것이다.

마음을 비워야 한다.
네 마음에 무엇이 들어있는지,
그것을 살펴야 한다.
자기 마음에 있는 것을 따르게 된다.

무엇이 지혜인가?
스스로 지혜롭게 여기지 말라.

하늘을 뜻을 따르며
네 중심의 악에서 떠나라.

무엇을 위해 살아야 하는지,
그것을 알지 못한 채
바람 부는 대로
흘러가고 있다.

사랑과 진리는
하늘을 날아가는 두 날개와 같다.
우리는 사랑으로 하늘을 날고
진리로 땅에 떨어지지 않는 것이다.

하늘을 높이 날아
태양처럼 사랑하라.
진리로 마음을 제어하여
그 태양에 불타지 않게 하라.

인자(love)와 진리(faithfulness)가 네게서 떠나지 말게 하고 그것
을 네 목에 매며 네 마음 판에 새기라. Proverbs 3:3

5. 근신

수행이란
자신의 몸과 정신을 살펴
하늘의 뜻을 이루어 가는
자기 수련의 과정이다.

수행이 없는 삶은
욕망에서 벗어나지 못하고
본능적 욕망에 끌려 다니는
생물학적인 삶에 불과하다.

욕망의 발현은 생존이요
욕망의 완성은 수행이다.
사람은 욕망으로 살아가지만
욕망의 승화로 완성되는 것이다.

수행의 삶은
욕망의 채움이 아니라
욕망의 버림에서
본래의 뜻이 실현된다.

우리는 욕망의 발현을
배울 것이 아니라

다스리는 법을
배워야 한다.

이것이 최상의 교육이다.
무엇을 위해 살아가는가?
지금 무엇을 생각하는가?
무엇을 이루려고 하는가?

언제나 우리는
벼랑길을 걸어간다.
순간의 방심으로
지옥에 떨어지니

때를 알고
할 일을 알고
자기가 있어야 할
그 자리에 있어야 한다.

내 아들아, 완전한 지혜와 근신을 지키고 이것들이 네 눈앞에
서 떠나지 말게 하라. Proverbs 3:21

6. 수치

나는 나를 안다.
내가 걸어가야 할 길.
하늘 아래 새것이 없지만
똑같은 것도 없다.

내가 살아가는
순간에 충실하고
내게 주어진
삶을 개척한다.

아무런 수치감이 없는
후안무치의 시대 속에서
그들은 먹고 살아가는 것과
자기 영달만 추구한다.

어떻게든
부귀영화만 누리면 된다.
하늘의 뜻에는
일말의 관심이 없다.

생각 없이 숨을 쉬며
일하지 않고 먹는다.

먹을 것이 최고이며
일확천금만을 노린다.

가난의 자유를 모르고
먹지 않는 즐거움을 모르며
길을 걷는 기쁨을 알지 못하고
연민과 나눔의 경지를 외면한다.

진정한 존경을 알지 못하고
감당할 수 없는 자리에 올라
거짓과 음모를 일삼고
약속을 헌신짝처럼 저버린다.

수치를 아는 것은
수행의 시작이다.
자신을 모르는 자는
하늘의 가르침을 따르지 않는다.

7. 명철

길을 떠난다.
역사의 흐름과
되어감의 과정 속에서
밝은 깨달음을 찾아간다.

진실을 그대로 보고
진리를 바로 알기 위해
가슴은 뜨겁게 하고
머리는 차갑게 한다.

영원히 변하지 않는
그런 상태는 없다.
누구나 자신의 자리에서
부르심을 수행하는 것.

그가 지금 너에게
무어라 말하는가?
질문이 없다면
깨달음도 없다.

자리에 머물면
그때부터 죽음이 시작된다.

변화하지 않으면
시체로 남게 된다.

나는 그렇게
죽어가고 싶지 않아
이렇게 신성의 빛을 찾아
길을 떠나는 것이다.

나는 깨달음을 찾아
길을 떠나는 자이다.
그 길을 찾아
여기까지 걸어왔다.

또 하나의 우상으로
남고 싶지 않아
매일 하루를 시작하며
수행의 길을 떠난다.

8. 의인의 길

세상의 처음에
수행이 있었다.
존재의 시작은
수행으로 완성된다.

모든 길은
수행으로 통한다.
자신의 완성으로
창조는 끝이 난다.

수행이 없다면
승리도 없는 것.
수행의 승리가
마지막 승리일 것이다.

사람이 태어나
그 길을 걷지 않는다면
한갓 숨을 쉼이 무엇이며
온갖 부귀가 무슨 의미인가?

그 길이 가장 지혜롭고
하늘 앞에 정직한 길이니

그 걸음이 피곤하지 아니하고
달려갈 때에 실족하지 아니하리라.

사악한 자의 길로 가지 말며
악인의 길로 다니지 말라.
그 길을 피하고
돌이켜 떠나가라.

불의의 떡을 먹으며
강포의 술을 마시지 말라.
항상 깨어
자신의 길을 바라보라.

악인의 길은 어둠이고
걸려 넘어져도 깨닫지 못한다.
삶에 대한 그 깨달음이 없다면
끝없이 순환하는 어둠의 연속인 것을…

의인의 길은 돋는 햇살 같아서 크게 빛나 한낮의 광명에 이르
거니와. Proverbs 4:18

9. 마음을 지키라

새벽에 일어나
마음을 씻는다.
마음을 어디에 두었나?
마음을 내어놓는다.

마음이 가는 곳에
몸도 가는 것이니
마음을 지킴이
삶을 지킴이다.

욕망의 시작이 마음이고
행동의 발원이 마음이니
마음을 바라보고
마음을 다스린다.

창조가 마음이고
마침이 마음이니
마음이 움직이면
모든 것이 움직인다.

머리는 빌릴 수 있지만
마음은 빌릴 수는 없다.

자기 마음은
자기가 갖는다.

이름만 들어도
마음이 뛰는
그에게 마음을
드리기 위해

오늘도 나는
마음을 가꾼다.
한 송이 꽃을
마음에 심는다.

날마다
그 이름을 부른다.
희망의 꽃.
사랑의 꽃.

모든 지킬 만한 것 중에 더욱 네 마음을 지키라. 생명의 근원이
이에서 남이니라. Proverbs 4:23

10. 바른 눈

아침에 일어나
대지가 밝아오면
나의 자리에 앉아
마음의 눈을 연다.

눈이 열리면
천지가 열리고
눈이 닫히면
어둠이 시작된다.

역사의 진실을 본다.
살아있는 것과 죽어있는 것.
깨어있는 것과 잠자고 있는 것.
거기에 그들의 고통이 있다.

세상의 허상이 보인다.
적어도 신기루 속에서
방황하는 인생으로
마칠 수는 없다.

현상이 아니라
그 속에 숨겨져 있는

보이지 않는 진리를
보아야 한다.

이것이 나의 시작이고
이것이 역사의 시작이다.
거기에서부터
나의 순례는 시작된다.

내 아이가 어디 있고
네 아이가 어디에 있는가?
다 똑같은 생명의 아이들이다.
모두 하늘에서 태어난 자유의 영혼들이다.

그들은 마음껏
자기의 삶을 펼쳐야 한다.
자기의 노래를 부르며
희망의 길을 걸어야 한다.

네 눈은 바로 보며 네 눈꺼풀은 네 앞을 곧게 살펴. Proverbs
4:25

11. 든든한 발

나에게 주어진
그 길을 걸어간다.
누우면 죽고
걸으면 산다.

아프고 병들어
누워 죽을 게 아니라
쓰러지고 또 쓰러져도
걷다가 죽어야 한다.

길을 걸을 때
기적이 일어난다.
하늘의 계시가 내려오고
초월의 경지를 얻게 된다.

그렇게 걷다가
마침내 언젠가는
하늘을 날게 되는
역사가 일어날 것.

인간이 할 수 있는
가장 거룩한 일이

바로 길을
걷는 것이다.

자기의 길은
자기가 결정하고
자기가 선택하여
자기가 걷는 것이다.

그리고
자기가 선택한 길은
자기가 책임을 지는 것이고
자기가 저울에 달리는 것이다.

우리에게 발이 있는 것은
길을 걸으라는 하늘의 명령인 것.
그 길을 걸음으로
오늘의 내가 있는 것.

네 발이 행할 길을 평탄케 하며 네 모든 길을 든든히 하라.
Proverbs 4:26

12. 스올

모든 죄는
욕망에서 시작된다.
욕망의 끝없는 바다,
거기가 바로 스올이다.

우리가 살아가는 목적은
욕망의 충족이 아닌
욕망의 단절이
되어야 한다.

끊음은 단호해야 한다.
한 뿌리라도
쓴 뿌리가 남게 되면
모든 것은 수포가 된다.

다시 또 빠지게 되는
중독과 반복의 수렁.
그곳이 바로
지옥인 것이다.

욕망의 확장이
스올이라면

욕망의 버림은
구원의 시작이다.

모든 삶의 수행은
욕망의 다스림을 위함인 것.
그렇지 않으면 그것은
사이비가 된다.

두 갈래 길이
우리 앞에 놓여있다.
욕망의 충족과
욕망의 소멸.

여기에서
우리의 운명은 갈라지게 된다.
그리고 각자는
자기가 택한 길을 걸어가는 것이다.

그의 발은 사지로 내려가며 그의 걸음은 스올로 나아가나니.
Proverbs 5:5

13. 존영(尊影)

영광을 버려
쓰레기를 만들고
신성을 잃어
육성만 남게 되는

그것이
너의 문명인가?
그것이 네가
살아가는 이유인가?

너의 존귀한 영혼은
지금 어디에 있는가?
그 빛나는 눈동자는
무엇을 찾고 있는가?

자유를 향한
순례의 발길인가?
욕망을 위한
탐욕의 추구인가?

이것이 바로 내가
이곳에 오르는 이유인 것.

사람은 제각기
자기 좋은 대로 사는 것이다.

너의 가장 귀한 것을
헛된 것에 소모하지 말라.
생명이 아닌 다른 것에
너의 삶을 허비하지 말라.

기다려주지 않는
잔인한 시간에
너의 날을
빼앗기지 말라.

최선의 힘을
최고에 쏟으라.
너의 수행에
너의 삶을 바치라.

14. 너의 샘

네 눈을
밖으로 돌리지 말라.
네 안에서
하늘의 뜻을 찾으라.

모든 샘은
네 안에서 흐르는 것.
어디를 바라보며
무엇을 찾는가?

네 안에 진리가 있다면
두려움은 사라지고
사랑의 힘이
거기에서 나오리니

두려워 말라.
죽음을 직면하라.
누구나 한 번은
죽어야 한다.

다만 어떻게
너의 마지막을

맞이할 것인가,
이것이 문제이다.

위대한
한 번의 죽음이 있고
비겁한
두 번의 죽음이 있으니

너 자신을
역사의 제물로 바친다면
가장 영광스런
죽음이 될 것이다.

나도 그 길을 걸었으니
사랑하는 사람아,
나를 따라오라.
나와 같이 그 길을 가자.

너는 네 우물(your own cistern)에서 물을 마시며 네 샘에서 흐르는 물을 마시라. Proverbs 5:15

15. 혼미(昏迷)

정신을 차리라.
항상 모든 일의
상황을 파악하고
냉철하게 판단하라.

가장 지혜롭고
가장 적절하게
최선의 결정을 내리라.
상생의 방책을 구상하라.

예 할 것은
예하고
아니라 할 것은
아니라 하라.

끌려 다니지 말고
머리를 조아리지 말라.
한 번 넘어가면
그렇게 계속될 것이니

양심에 화인을 맞아
부끄러움도 없어지고

무서운 죄악도 아무렇지 않게
행하게 될 것이니

수많은 영혼들이
욕망의 늪에서 헤매고 있다.
그 속에서
미혹의 삶을 살아간다.

그러하니 사람아,
수행을 놓치지 말라.
이 길이 바로
최고의 길이니

네가 살고
세상이 살고
후회함이 없는 인생을
완성하게 될 것이다.

그는 훈계를 받지 아니함으로 말미암아 죽겠고 심히 미련함으
로 말미암아 혼미하게 되느니라. Proverbs 5:23

16. 스스로 구원하라

나를 의지하지 말라.
나를 바라보지 말라.
모든 것은
네 스스로 하는 것이다.

내 앞에 무릎을 꿇지 말라.
허리를 곧추 세우고
눈을 부릅뜨고
앞을 바라보라.

네 앞에
세계가 펼쳐 있다.
내가 다 너희에게
이미 준 것이다.

믿음이란
믿음을 가지고
너의 미래를
개척해 나가는 것이다.

누구를 의지하거나
그에게 너를 맡기지 말라.

너만이 너의 인생을
책임질 수가 있는 것.

보증을 서거나
돈을 빌리지 말라.
남의 손을 의지하지 말라.
그것은 아직 준비가 되지 않은 것이다.

수행의 정신으로
너의 미래를 경영하라.
헛된 믿음으로
기적을 바라지 말라.

욕망의 탑을 허물어
수행의 탑을 쌓으라.
얻기 위한 기도가 아니라
버리기 위한 기도를 드리라.

노루가 사냥꾼의 손에서 벗어나는 것 같이, 새가 그물 치는 자
의 손에서 벗어나는 것 같이 스스로 구원하라. Proverbs 6:5

17. 일어나라

대지의 기운이
여명으로 꿈틀대기 시작하면
나는 영성의 날을 서리기 위해
나의 하루를 시작한다.

하루의 시작은
수행의 시작이다.
오늘도 나에게 주어진
하루가 펼쳐진다.

새로운 숨결이 가슴으로 들어오면
그때, 하늘의 소리가 들려온다.
자리에서
일어나라.

정신이 살아있음이
자리에서 일어남이
마지막 숨을 내쉼이
내가 살아가는 이유이다.

오늘 나는
나를 여기까지 있게 한

그 모든 사람의 삶을
사는 것이다.

누군가 그토록 살고 싶어 했던
하늘을 보며 통한의 눈물을 흘리는
그들의 삶을
사는 것이다.

그러하니
어찌 하루의 삶이
거룩하지 않겠는가?
두 손으로 받들지 않겠는가?

도저히 자리에 누워있을 수 없는
그 삶의 이유를 가져야 한다.
도저히 눈을 감을 수 없는
그 소명을 가져야 한다.

게으른 자여 네가 어느 때까지 누워있겠느냐? 네가 어느 때에
잠이 깨어 일어나겠느냐? Proverbs 6:9

18. 불을 품고

너는 하늘의 불을 받아
세상에 태어난 존재이니
그 불이 타오를 때까지
세상에서 살아갈 것이다.

네가 받은 그 불을
소진하지 말라.
욕망으로 타올라
바람에 날리지 말라.

그 불을 소중히 갈고 닦아
너의 하늘로 돌아오라.
그 불을 마음에 모아
꽃으로 피어나게 하라.

미색에 빠지지 말고
그 눈꺼풀에 홀리지 말라.
그 쾌락의 황홀한 불이
언제까지 타겠느냐?

불은 좋은 것이로되
때로는 위험한 것이리라.

불장난에 빠지지 말고
너의 수행에 정진하라.

불은 가슴에 품는 것이 아니라
아랫배에 모아야 한다.
불을 위로 올리지 말고
아래로 아래로 내리라.

그 불이 위로 올라
콧숨으로 떠나버리면
그때는 너의 생명도
끝나게 될 것이니

욕망의 불이 아니라
하늘의 빛을 품으라.
진리의 불을 간직하고
그 빛이 타오르게 하라.

사람이 불을 품에 품고서야 어찌 그의 옷이 타지 아니하겠으
며. Proverbs 6:27

19. 간직

바라봄이 좋다.
내 자리에 앉아
물끄러미
나 자신을 바라본다.

무엇을 바라는가?
무엇을 하려는가?
나는 지금 무엇을
기다리고 있는 것인가?

진실을 바라본다.
살아온 세월들을 떠올리며 웃음을 던진다.
자신을 아는 것은
진실을 아는 것이다.

항상 그 속에 있는
이면을 바라본다.
바라보고 바라보면
언젠가 깨달음을 얻게 되겠지.

본질을 직시한다.
무엇이 문제인가?

더 이상 원하는 것은 욕심이다.
그냥 거기까지 하는 것이다.

걸어온 길을 돌아본다.
걸어갈 길을 조망한다.
나의 역사를 바라보며
하늘의 뜻을 기다린다.

언제 돌아가야 할지,
언제 나아가야 할지,
그 때를 기다리며
나머지 길을 바라본다.

그렇게 사는 것이다.
마지막 숨을 쉴 때까지
삶의 이유를 마치는 날까지
조용히 자신을 바라보는 것이다.

내 아들아, 나의 말을 지키며 내 계명을 간직하라. Proverbs 7:1

20. 눈동자

자리에 앉으면
거기에 내가 있었다.
영혼의 창에 비치는
영성의 별이 있다.

그 안에 내가 있었고
내 안에 그가 있었다.
그렇게 우리는
원래 하나였다.

언제부턴가
나는 거기에서
그를 기다렸다.
하늘이 보여야 했다.

하늘을 바라보는
그 눈동자가
나는 너무나
가슴이 아팠다.

사람들은
그곳을 바라볼 수밖에 없었다.

세상에서는
아무것도 보이지 않았다.

어디를 둘러 봐도
희망이 보이지 않았다.
더 이상 아래로
내려갈 수가 없었다.

거기가
우리의 자리였다.
거기에서 우리는
둥지를 틀어야 했다.

그곳이 우리가 깨달음을 얻는
성지가 되었다.
그곳은 우리의 마음을
바라보는 성소였다.

내 계명을 지켜 살며 내 법을 네 눈동자처럼 지키라. Proverbs 7:2

21. 미혹

마음을 갈고 닦는
수행의 삶이 아니라면
그것은 사는 것이 아니라
목숨을 연명하는 것이다.

하늘의 뜻을 이루어가는
거룩한 소명이 아니라면
그것은 완성이 아니라
상실의 시간이다.

영원의 생명을 찾아가는
순례의 길이 아니라면
그것은 삶의 여정이 아니라
방황의 세월이다.

하루에도 수없이
마음의 틈을 비집고
욕망의 연기가
피어오른다.

바람 앞의 촛불처럼
제멋대로 흘러가는

잃어버린 시간들이
거기에 있다.

수많은 상념 속에 파묻혀
버려져가는 세월들.
목적을 상실하고
정욕을 불태우는 짐승들.

오늘도 나는
나의 자리에 버티고 앉아
구름처럼 스쳐가는
본능의 흐름을 본다.

그 속에 내가 있다.
힘차게 본향을 찾아
세류를 거슬러 올라가는
펄떡이는 연어가 있다.

네 마음이 음녀의 길로 치우치지 말며 그 길에 미혹되지 말지
어다. Proverbs 7:25

22. 부름

하루가 시작되는 시간에
나의 자리에 앉아
마음의 소리에
귀를 기울인다.

나를 바라보며
나를 찾아가는
가장 귀한 시간.
그때 나는 하늘의 성소로 들어간다.

그가 나를 부른다.
나에게 오라.
나를 찾아오라.
거기에서 내가 너를 기다리고 있다.

내가 어디에 있고
무엇을 찾는가를 발견하는
고요한 침묵의 시간.
나에게 주어진 깨달음의 시간이다.

자신을 아는 것은
하늘을 아는 것이고

객관에 서게 되면
주관을 알게 된다.

너무 가벼워
표층에 떠다닌다면
깊은 곳에 들어가
침잠할 수가 없다.

존재의 구조를 알고
인생의 깊이를 안다면
물 위의 부평초처럼
떠다닐 수가 없는 것.

자신을 알고
자기의 자리를 안다면
하늘의 뜻을 알게 되고
자기의 길을 알게 될 것이다.

지혜가 부르지 아니하느냐? 명철이 소리를 높이지 아니하느
냐? Proverbs 8:1

23. 밝음

나의 하늘은
언제나 밝음이다.
지금까지 나의 태양은
져본 적이 없다.

때때로 구름에 가리는 것일 뿐,
구름을 거두어들이면
나의 태양은 언제나
저만치 밝음 속에 있다.

하여 나는 날마다
구름을 거두고
하늘의 밝음으로
솟아 올라간다.

비가 내릴 때면
빗속을 뚫고
눈이 내릴 때면
눈 위로 올라가며

바람이 불면
바람을 타고

안개가 덮이면
안개를 뚫고 올라가

아침마다
새롭게 솟아오르는
나의 태양을 맞이한다.
거기에서 밝음이 시작된다.

명철을 얻고
명료함을 얻으며
하나를 보면 열을 아는
사물의 철리를 깨닫게 된다.

이렇게 날마다 나의 세상이 열린다.
나를 위하고
생명을 위하는
삶의 의미가 거기에 있다.

어리석은 자들아, 너희는 명철할지니라. 미련한 자들아, 너희
는 마음이 밝을지니라. Proverbs 8:5

24. 찾는 자

진리를 찾음이
내 삶의 이유이니
그렇지 않은 것은
내 삶이 아닌 것이요

길을 걷는 것이
내 존재의 의미이니
그렇지 않은 것은
내 존재함이 아닌 것.

그것을 위해 내가 살고
그것을 위해 내가 죽으리니
이것이 생명이 걸어가는
구도의 길이 아니런가?

하늘을 찾는 자,
길을 걷는 자,
그렇게 내 인생의 도정에
역사로 남을 것이니

누가 나를 찾거들랑
그대도 길을 걷고 있으면

언젠가 만날 것이라
그 말을 전해주오.

구하는 자가 얻을 것이고
찾는 자가 찾을 것이며
두드리는 자에게 열릴 것이니
믿음으로 목표에 이르게 될 것이라.

하늘의 사람이여,
그렇게 찾고 찾으면
언젠가 만나게 될 것이요
그것이 삶의 완성이 될 것이니

이렇게 길을 걷다가
그렇게 진리를 찾다가
하늘로 간 사람이 있다고
이 말만을 역사에 남겨주오.

나를 사랑하는 자들이 나의 사랑을 입으며 나를 간절히 찾는
자가 나를 만날 것이니라. Proverbs 8:17

25. 연습

날마다 죽는 자에겐
더 이상 죽음이 없다.
죽음이 더 이상
두려움이 아니다.

이미 죽은 자에겐
더 이상 죽을 것이 없다.
끝없는 고요와 침묵이
그에게 주어진 일상이 된다.

죽음을 넘어선 자에겐
죽음은 힘을 쓸 수가 없다.
죽음은 더 이상 저승사자가 아니라
또 다른 세계로 들어가는 안내자이다.

사망 선고가 내려진 자에겐
모든 것이 자유가 된다.
세상의 속박에서 벗어난
바람이 된다.

하여 나는 매일
죽는 연습을 한다.

속물의 욕심을 웃어넘기는 연습.
나를 버리고 하늘의 세계로 돌아가는 연습.

매일 죽는 연습을 하는 자에겐
죽음이 익숙하다.
생명의 연속이며
신비의 입문이다.

죽음은 삶이 힘들어
세상에서 도피하는 체념이 아니다.
그것은 역사의 고통을 정면으로 직시하고
삶의 완성에 이르는 마지막 예술이다.

그러니 그대는 어떻게
그대의 죽음을 맞이하려는가?
진정 영원한 삶을 살고자 하는 자는
완전한 죽음에 들어가야 하는 것이리라.

나를 잃는 자는 자기의 영혼을 해하는 자라. 나를 미워하는 자
는 사망을 사랑하느니라. Proverbs 8:36

26. 시작

진리는
거기에서 시작된다.
엄숙하고 경건하게
하늘 앞에 서는 것.

겸손하게
무릎을 꿇고
자기의 자리에 앉아
하늘의 소리를 듣는 것.

참을 따라
길을 걸어가는 것.
그것이 없으면
시작도 없다.

목이 곧은 백성.
마음이 흩어진 사람.
길을 잃어버린 자에게 줄
하늘의 떡은 없다.

거룩함을 모르고
신비를 모르는 자들에게

지혜와 명철은
그림의 떡이다.

자기가 행한 것을
자기가 먹는 것.
수행의 마음이 없는 것은
진리의 마음이 없는 것이다.

내가 길을 걸으며
내 마음이 그대를 향하는 것은
이렇게 생명에 대한
경외에서 출발하는 것이니

우리가 살아가는 모든 것은
하늘의 뜻을 따르기 위함이다.
자고 일어나 먹고 길을 걷는 것이
하늘의 뜻을 이루기 위함인 것이다.

여호와를 경외하는 것이 지혜의 근본이요 거룩하신 자를 아는
것이 명철이니라. Proverbs 9:10

2 장

지혜

27. 생명의 해

살아있으라.
최상의 몸과 정신으로
죽음의 문명을 이기고
끝까지 살아남으라.

잘 살아가라.
하늘의 명을 받들어
돌아오지 않는
강을 건너라.

너의 삶에 주어진
하늘의 소원을 이루어가라.
그것을 이루기 전에는
눈을 감지 말라.

제대로 살아가라.
네가 세상에 태어난
그 뜻을 찾아
하늘의 길을 걸으라.

네가 살아가는
생의 소명을 깨달으라.

너를 부르시는
그 소리를 들으라.

두 손으로
하늘의 명을 받들라.
무릎을 꿇고
그 뜻에 복종하라.

하루를 살아도
천년을 살아가며
삶의 순간 속에서
영원의 빛을 발견하라.

너의 역사 속에서
생명의 숨을 쉬며
생명의 길을 걸어
하늘 뜻을 이루라.

28. 재물

내 마음에 우주가 있거늘
무엇이 더 필요한가?
돌 하나도 보석이요
숨 하나도 영원이다.

있으면 있는 대로
없으면 없는 대로
주어진 명을 따라
그렇게 살아간다.

마음이 가난하면
밥 한 그릇도 천국이요
욕심이 가득하면
천만금도 부족하다.

재물의 소유는
자유에 비례한다.
진리로 통하면
모든 것이 내 것이다.

악한 재물은
자신을 망하게 하지만

의로운 삶은
죽음을 건너게 한다.

부정한 재물은
자유를 얽어매고
정직한 삶은
평화를 누리게 한다.

우주가 정원이요
산천이 집인 것을
더 주어도 필요 없고
더 가져도 소란하다.

자리에 앉으면
천지가 고요하니
필요하면 만들어 쓰고
남는 것은 나누어 쓴다.

불의의 재물은 무익하여도 공의는 죽음에서 건지느니라.
Proverbs 10:2

29. 생명의 샘

생명은 생명을 낳고
죽음은 죽음을 낳는다.
마음에 있는 것이
입으로 나온다.

살아있는 사람은
산 말을 하고
죽어있는 사람은
죽은 말을 한다.

나에게 있는
한 가지 소원.
그것은 언제나
살아있는 정신이다.

살아있고 싶다.
항상 깨어
흐르는 바람을
느끼고 싶다.

살았다는 이름이 아니라
살아있는 존재이고 싶다.

시퍼런 검으로 욕망을 쪼개어
날마다 바람에 날리고 싶다.

머물면 죽고
고이면 썩는 것.
영성의 잠이 들면
혼돈에 묻히는 것.

내가 영위하며
내가 살아가는 삶은
언제나 그를 따라
살아서 흘러가는 것이다.

생명의 자리에서
삶의 향기를 맡고 싶다.
그렇게 남은 삶을
살아내고 싶다.

의인의 입은 생명의 샘이라도 악인의 입은 독을 머금었느니라.
Proverbs 10:11

30. 하늘의 복

지금 여기에서
초월을 산다.
아무나 살지 못하는
하늘의 세계.

그것이
나의 힘이고
그것이
나의 정신이다.

현실에 파묻히면
앞이 보이지 않는다.
길이 사라지고
어둠이 찾아온다.

근심을 한다는 것은
믿음이 없다는 것이다.
가장 좋은 길을
알지 못하는 것이다.

이미 다 가진 것을
무엇을 더 달라하는가?

모두 한 점에서 시작한다.
그것이 우리가 가진 전부이다.

깨달음을 얻으면
근심이 사라진다.
거기가 바로
천상의 세계인 것.

그가 원한 것이
바로 이런 것이었을 게다.
나에게 오라.
내가 너와 함께 하리라.

사랑하는 이여,
함께 가자.
거기에서 그가 우리를
기다리고 계신다.

여호와께서 주시는 복은 사람을 부하게 하고 근심을 겸하여
주지 아니하시느니라. Proverbs 10:22

31. 지혜의 낙

자리에 앉아
조용히 물끄러미
나 자신을 바라본다.
거기에 내가 있다.

마음이 일어나고
바람이 흘러가고
하늘을 찾아가는
한 수행자가 있다.

길을 걷지 않으면
견딜 수가 없다.
더 이상 살아갈
의미가 없다.

산다고 사는 게 아니고
잔다고 자는 게 아니다.
하루를 살더라도
영원을 사는 것.

조금씩 조금씩
하늘을 닮아가는 것이다.

모든 것을 버리고
자유롭게 되는 것이다.

수행의 기쁨을 아는가?
버림의 자유가 있는가?
그것이 내가 추구하는
하늘의 기쁨이다.

누구는 쌓는 것이 낙이겠지만
나는 버리는 것이 낙이다.
버리고 버려서 더 이상
버릴 것이 없어질 때,

그때 나는 하늘로 오르게 될 것이다.
거울 같은 마음.
우주를 비쳐주는 영혼.
그것이 내가 여기에서 살아가는 한 가지 이유이다.

미련한 자는 행악으로 낙을 삼는 것 같이 명철한 자는 지혜로
낙을 삼느니라. Proverbs 10:23

32. 정직한 자의 성실

모든 사람을
대할 때마다
하늘을 대하듯 한다.
한 생명 속에 천하가 있다.

내가 서 있는 땅에
무릎을 꿇는다.
여기가 바로
내가 살아가는 곳이다.

순간 속에서 영원을 본다.
한순간도 소홀하지 않는다.
나에게 주어진 시간은
최고의 작품이다.

내가 숨을 쉬는 것은
나에게 주어진
촛불을 밝히기 위함이다.
그의 숨결을 마음에 간직한다.

언제나
처음 만나는 장면들.

지금까지 똑같은 것은
아무것도 없었다.

매일 마음에 떠오르는
나의 태양.
그 은혜로
오늘을 살아간다.

주어진 기회에서
최선을 다한다.
그 순간이
나의 마지막이다.

다시 오지 않는
나의 시간.
거기에 영원의 숨결을 부여한다.
나는 신성의 빛 속에 있다.

정직한 자의 성실은 자기를 인도하거니와 사악한 자의 패역
(unfaithful)은 자기를 망하게 하느니라. Proverbs 11:3

33. 곧게

내가 걸어야 할 길이
내 앞에 놓여 있다.
죽어야 사는 길.
죽어도 사는 길.

나에게 주어진
그 길을 걸어간다.
걸어가다 보면
언젠가 끝이 나올 것이다.

수없이 넘어져도
다시 일어서서
내 길을 간다.
넘어짐이 수치가 아니다.

모두가 넘어질 수 있다.
다만 다시 일어서서
변함없이 그 길을 가느냐가
중요한 것이다.

같이 가도 좋고
홀로 가도 좋다.

끝까지 길을 가면
마지막이 나올 것이다.

그것이 우리의 희망이다.
다만 누가 끝까지
오래 걷느냐,
그것이 문제인 것.

곧게
바르게
끊임없이
마지막까지

그렇게 길을 걷는 것이다.
넘어져도 다시 일어서
운명처럼 주어진
길을 걷는 것이다.

완전한 자의 공의는 자기의 길을 곧게 하려니와 악한 자는 자기의 악으로 말미암아 넘어지리라. Proverbs 11:5

34. 삼가라

모두가
하늘의 것임을 아는 자는
그렇게 함부로
나서지 않는다.

방자하게
가볍게 나대지 않는다.
조심스레
자기의 자리를 지킨다.

가진 것이
자랑이 아니다.
주어진 것에 대한
책임이 더 무거운 것.

감당하지 못할 것이라면
자기가 가진 것이
더 무서운 저주가
될 수도 있다.

매일
나 자신을 돌아본다.

되지도 못한 천박함이
하늘을 찌르지 않는가?

진정한 아름다움이란
자기의 자리를 알고
주어진 자리를
지키는 것이다.

항상 하늘 아래
머리를 두는 것.
머리 위에 겸손의
너울을 두르는 것.

더러운 자리를 탐하지 않고
욕심과 교만에 물들지 않고
언제나 자신을 돌아보며
세월의 무상함을 아는 것.

아름다운 여인이 삼가지 아니하는 것은 마치 돼지 코에 금 고
리 같으니라. Proverbs 11:22

35. 의인의 소원

내가 거기에 있음은
뜻이 있다는 것이다.
뜻이 모여
소원이 이루어진다.

내가 길을 걸어감은
하늘의 뜻을 이루기 위한
거룩한 의지의 발현이다.
그때 깨달음의 미소가 흐른다.

뜻이 있다는 것은
소원이 있다는 것이다.
소원이 있다는 것은
아직 살아있다는 것이다.

하여 소원은
살아있음의 동력이다.
존재의 이유이며
행동의 원인이다.

그렇기에 나는 아직까지
이렇게 살아있는 것이다.

숨을 쉬고 밥을 먹고
하늘을 바라보는 것이다.

날마다 새 하늘이요
일마다 새 역사이다.
하늘을 바라보면 그가 보이고
자리에 앉으면 소리가 들려온다.

그러하니 내가 어떻게
노래를 부르지 않겠는가?
마지막 찾은 소명을
어찌 잊을 수 있겠는가?

아침마다 얼굴을 씻고
나의 자리에 앉아
하늘의 소리를 기다린다.
나의 소원을 하늘로 올린다.

의인의 소원은 오직 선하나 악인의 소망은 진노를 이루느니라.
Proverbs 11:23

36. 간절히

간절히 뜻을 모으면
하늘이 열린다.
진리의 불을 밝히면
어둠이 물러간다.

생각이 모이면
행동이 일어난다.
불타는 소원이 있는 자는
죽을 수가 없다.

끝까지 걷다가
죽는 것이다.
뜻을 바쳐 일하다가
숨을 멈추는 것이다.

따뜻한 햇빛을 모으면
뜨거운 불이 일어난다.
차가운 얼음을 녹여
불을 일으킨다.

내가 기다리는 것은
불이 일어나는 것이다.

불처럼 타올라
어둠을 밝히는 것이다.

그렇게 살다가
하늘로 돌아가는 것이다.
모든 물과 피를 다 쏟고
삶을 마치는 것이다

내 이름을
그렇게 적어 달라.
모든 것을 다 태워
불을 일으킨 영혼.

나의 욕망을 끊어
역사를 쓰는 것이다.
마지막 숨까지 다 바쳐
하늘의 뜻을 이루는 것이다.

선을 간절히 구하는 자는 은총을 얻으려니와 악을 더듬어 찾
는 자에게는 악이 임하리라. Proverbs 11:27

37. 생명나무

나무이고 싶다.
이대로 나의 자리에서
천년 세월 변함없는
열매이고 싶다.

자리에 곧게 서서
하늘을 우러르고 싶다.
언제나 수직으로
우주를 받치고 싶다.

두 팔을 벌리고
십자가에 달리고 싶다.
모든 영혼을 품에 안아
그들의 그늘이 되고 싶다.

뜨거운 태양 아래
오랜 깨달음을 새겨
바람에 날리고 싶다.
평화의 소식을 전하고 싶다.

봄이면 꽃을 피워
세상을 빛내고 싶다.

차가운 대지를
수놓고 싶다.

무성한 잎으로
땅을 가리고 싶다.
막힌 숨을 트여주는
생명의 산소이고 싶다.

나 자신을 주어
삶을 유지하는
하늘의 열매이고 싶다.
나를 먹고 살아나게 하고 싶다.

세상을 하얗게 덮는
순결의 상징이고 싶다.
언제나 나를 보고
그를 생각나게 하고 싶다.

의인의 열매는 생명나무라. 지혜로운 자는 사람(soul)을 얻느니
라. Proverbs 11:30

38. 굳게

항상 다짐을 한다.
강해야 한다.
마지막 순간까지
눈을 감지 않아야 한다.

비겁한 무릎을
꿇지 않아야 한다.
눈을 부릅뜨고
역사의 진실을 보아야 한다.

의로운 길을
걸어야 한다.
의롭게 살아남아
하늘에 올라야 한다.

하늘에서 떨어진
수많은 유성들처럼
구차하게 살아남아
오명을 남기는 인간들.

산다는 것이 무엇이며
먹는다는 것이 무엇인가?

빈손으로 왔다가
먼지로 돌아가는 것이거늘.

그것을 알지 못하고
욕망의 바벨탑을 쌓으며
하늘과 역사 앞에
죄를 짓고 있는데…

빛나던 눈동자와
번득이는 예지는 사라지고
이제 남은 것은
빈 껍질뿐이다.

그렇게 되지 않아야지.
끝까지 초심을 지키고
가장 아름답게
삶의 완성을 이루어야지.

39. 의인의 생각

생각이 행동의 시작이고
만물이 생각에서 나왔다면
그것은 하늘이 우리에게 주신
창조의 능력이다.

모든 창조는
생각에서 시작된다.
우리가 생각한 그대로
우리의 현실은 이루어진다.

생각은 자유의 표상이다.
그의 몸은 억압할 수 있지만
누구든 그의 생각은
가둘 수가 없다.

하여 생각은
위대한 예술을 일으키고
문명의 르네상스를 가져온다.
모든 해체와 건설이 여기에서 비롯된다.

생각한다는 것은
지금 여기에서

독재와 전체에 항거하는 것이다.
자유의 함성을 외치는 것이다.

올바른 생각이
역사의 동인이라면
우리는 하늘 앞에서
어떤 생각을 해야 하는가?

생각은 과거를 돌아보고
현실에 충실하며
미래를 계획하는 것이다.
생각은 하늘의 선물이다.

태초에 생각이 있었다.
그 생각은 형상을 입고
이 땅에 내려와 우리와 함께 했다.
지금 나는 무슨 생각을 하고 있는가?

의인의 생각은 정직하여도 악인의 도모는 속임이니라.
Proverbs 12:5

40. 탐욕

헛된 욕심을 부리지 말라.
자기의 자리를 지키고
남의 자리를
넘보지 말라.

탐욕에 빠지지 말라.
버림의 미덕을 가지고
영성의 수행에
전념하라.

감당하지 못할 책임은
짊어지지 말라.
너 자신을 살펴
분수를 지키라.

욕망에 사로잡히지 말라.
너의 힘을
부정한 쾌락에
소진하지 말라.

밑 빠진 독에
물을 붓지 말라.

먼저 새는 구멍을 막고
그 다음 너의 일을 하라.

입도 하나요
위장도 하나이니
하나는 먹되
둘은 취하지 말라.

기쁨은 나누면 배가 되고
슬픔은 나누면 절반이 되니
네가 가진 것을
나누어 먹으라.

이것이 세상을 살아가는
지혜의 길이요
인간이 걸어갈
하늘의 법도이니…

악인은 불의의 이익을 탐하나 의인은 그 뿌리로 말미암아 결
실하느니라. Proverbs 12:12

41. 수욕

흔들림이 없으니
올라옴도 없다.
형체가 없는데
무엇이 문제인가?

하늘로 올라가면
언제나 태양이다.
구름은 하늘을
가릴 수가 없다.

그는 그의 세계에서 살고
나는 나의 세계에서 산다.
사람은 언제나 자기가 만든
그 세계에서 살아간다.

죽은 사람은
분노가 없다.
오직 고요만
존재할 뿐.

참는다고
없어지는 것이 아니고

누른다고
사라지는 것이 아니다

지옥을 벗어나는 길은
본질을 직시하는 것이다.
이미 초월한 자는
소란할 수가 없다.

조금만 기다리자.
마지막까지 기다리자.
기다림이
승리의 관건이니

조용히 미소를 지으며
침묵으로 들어간다.
때가 되면
하늘 뜻이 이루어지리니…

42. 희락

아무도 흔들 수 없는
평정의 마음.
하루의 길을 간다.
일체의 깨달음이 거기에 있다.

하려는 것이 없으니
막히는 것도 없다.
모든 것은
하늘의 뜻대로 흘러간다.

하늘이 허락해야
역사가 일어나고
하늘이 움직여야
개벽도 일어난다.

억지로 되는 것이 없고
마음대로 되는 것도 없다.
때가 되면 자연스레
이루어질 것이니

내 마음이 하늘이고
하늘과 내가 하나라면

무엇이 문제이고
무엇이 걱정인가?

최선을 다해
마음을 모으고
나머지 모든 것은
하늘에 맡기리니

언제나 이 마음을
가질 수 있겠는가?
언제 하늘의 뜻을
깨달을 수가 있겠는가?

오늘도 길을 걸으며
그의 뜻을 생각한다.
당신의 나라가 임하옵소서!
하늘의 뜻이 이루어지소서!

악을 꾀하는 자의 마음에는 속임이 있고 화평을 의논하는 자
에게는 희락이 있느니라. Proverbs 12:20

43. 의인의 빛

길을 걸으면
하늘이 보인다.
내가 걸어야 할
수행의 길.

길을 잃으면
삶을 잃는 것.
찾을 것이 있고
버릴 것이 있다.

자리에 앉으면
마음이 보인다.
감정에 휘둘리고
기분에 좌우되는

하루에도 열두 번,
밑바닥을 오르내리는
구멍 난 상처들이
거기에 있다.

눈을 감으면
내가 살아갈 세상이 있다.

낡은 누더기를 걸친
영혼 없는 영혼들.

살아가면 된다.
줄 것도 없고
잃을 것도 없는
하늘의 진리를 알면 된다.

한 점,
마음에 점만 찍으면 되고
홀연히 눈만 하늘로
돌리면 되는데…

그것을 알지 못해
그것을 하지 못해
오늘도 수많은 바람결에
묵은 한을 날리고 있다.

44. 멸시

아무리 주어도
하늘을 다 주고
모든 것을 주어도
받을 사람만 받는다.

날마다 해는 떠오르고
수많은 바람이 불어오고
우주의 계시가 흘러와도
만날 사람만 만나게 된다.

사랑을 하고
가슴을 뒤집어
밑바닥을 다 보여주어도
볼 사람만 보는 것이다.

멋진 축제를 준비하고
온갖 비경을 만들어 놓아도
아무나 올수가 없다.
올 사람만 오게 된다.

자기에 얽매이면
자기만 보인다.

문제에 집착하면
그것에 함몰된다.

날마다 은혜 속에 살면서도
알 사람만 안다.
내가 사는 것이 아니라
하늘의 은혜로 사는 것인데

생명을 멸시하는 자는
서로를 멸시한다.
피차에 물고 뜯어
같이 망하게 된다.

틀림은 없고
다름만 있다.
하늘을 알면
모두를 안다.

말씀을 멸시하는 자는 자기에게 패망을 이루고 계명을 두려워
하는 자는 상을 받느니라. Proverbs 13:13

45. 지혜의 교훈

나를 가르치소서!
어리석음을 깨뜨려
당신의 진리를 깨닫고
그 말씀을 따르게 하소서!

나의 하늘을 여소서!
태초부터 나타난
당신의 섭리를 깨달아
그 나라를 이루게 하소서!

욕망과 탐심에 가득 찬
악인의 길이 아닌
생명의 편에 서게 하소서!
당신의 길을 걷게 하소서!

평화의 사람이 되게 하소서!
전쟁의 용사가 아니라
그 길이 설령 죽음의 길이라 할지라도
평화를 위한 당신의 일꾼이 되게 하소서!

매일 눈을 뜨고
당신의 임재에 감동하며

당신의 신성 위를 거니는
영원의 순례자이게 하소서!

죽음의 공포 속에서도
노래를 그치지 않고
불굴의 희망을 노래하는
생명의 사람이 되게 하소서!

이 길을 걷기를 원하나이다.
세상의 모든 것을 넘어서
날마다 신의 산에 오르는
거룩한 수행자가 되게 하소서!

그리하여 날마다
당신과 함께
당신의 옆에서 살아가는
지혜의 담지자가 되게 하소서!

지혜 있는 자의 교훈은 생명의 샘이니 사망의 그늘에서 벗어
나게 하느니라. Proverbs 13:14

46. 선한 지혜

역사에 층층이 쌓여 퇴적된
오래된 지혜.
그 뜻을 따라
길을 걷는다.

지혜가 나를 부른다.
나에게 오라.
나를 캐어
너의 밥으로 삼으라.

그 속에서 들려오는
하늘의 소리를 듣는다.
듣는 자는
살아나리라.

이것이 내가 세상에서 할 수 있는
가장 거룩한 작업이요
생명을 살리는
하늘의 일이다.

그것을 위해 기도를 드린다.
내 배에서

영원히 마르지 않는
생명의 강이 흐르게 하소서!

태초부터 흘러와
오늘도 흐르는
지혜의 생수로
영혼을 적시게 하소서!

마음을 열어
손을 내밀지 않는 지혜는
자기 배만 불리는
사악한 길임을 알게 하소서!

같은 하늘 아래 살면서도
어둠의 그늘이 있다.
하늘의 은혜를 배역하는
악인의 무리가 있다.

선한 지혜는 은혜를 베푸나 사악한 자의 길은 험하느니라.
Proverbs 13:15

47. 지혜의 동행

누구도 낯을 가려
선을 그어서는 안 되겠지만
그러나 이것만은
알아야 한다.

아무나 같이
길을 걸어가지 말라.
너의 삶을 헛된 것에
낭비하지 말라.

동행할 자가 있고
멀리할 자가 있으며
손을 잡을 자가 있고
오래 살펴야 할 자가 있다.

사람은 자기가 감당할
시험만 받게 되는 것.
감당 못할 축복은 받지도 말고
감당 못할 자리는 앉지도 말라.

가지려 하지 말고
버리려 하라.

높으려 하지 말고
낮으려 하라.

가장 많이 가졌지만
가장 적게 가진 것처럼 하라.
가장 높이 올랐지만
가장 낮은 데 서라.

가장 많이 알지만
가장 모르는 체 하고
천지의 도를 깨쳤지만
그의 발에 입을 맞추라.

너를 내려놓고
그를 자리에 올리라.
그가 살면
네가 사는 것이니…

지혜로운 자와 동행하면 지혜를 얻고 미련한 자와 사귀면 해
를 받느니라. Proverbs 13:20

48. 유산

한 점의 호흡도
그들 속에 있다.
그들이 남긴 숨결 속에
내가 살아간다.

우리는 모두
자기의 삶을 남긴다.
자기가 걸어간
발자국을 남기게 된다.

절름거리고 질질 끌며
남의 뒤를 추종하는 군중의 발자국.
자기 배만을 채우며
자기 새끼만을 얼러대는 욕망의 발걸음.

옆에서 죽어가는 아이들에게는
눈길도 주지 않는다.
싸늘한 시선으로
고개를 돌린다.

그렇게 살고 싶지는 않다.
사랑의 길을 따르고 싶다.

나누고 버리며 살아가는
운명을 만들고 싶다.

비틀리고 뒤틀린
한쪽 발로는
생명의 길을
걸어갈 수 없다.

사람은
자기가 살아간 삶으로
자기의 삶을 증명할 것인데
우리는 무엇을 남길 것인가?

흔들리지 않는
진리의 믿음을 남기고 싶다.
모든 경계를 넘어선
하늘을 남기고 싶다.

선인은 그 산업을 자자손손에게 끼쳐도 죄인의 재물은 의인을
위하여 쌓이느니라. Proverbs 13:22

49. 경작

마음의 밭을 기경한다.
노래를 부르며
적멸과 혁명으로
나의 밭을 갈아 엎는다.

어떻게든
가장 쉬운 방법이 아닌
가장 어렵고 힘든 방법으로
나에게 주어진 길을 간다.

막힌 벽을 지나고
차오르는 강을 건널 때마다
희열과 법열이
가슴에 충만하다.

감추인 구름 사이로 햇빛이 비치고
하늘이 그 모습을 드러내면
내 영혼은 춤을 추며
하늘의 자리에 오른다.

겨울의 추위가 물러가고
따뜻한 봄이 찾아오면

손놀림은 바빠지고
발걸음은 기운차다.

자연의 향기 속에
대자연과 하나 되어
마음의 밭을 갈 때마다
내려오는 이 충만함.

그것을 잃으면
모든 것을 잃는 것이고
그것을 찾으면
모든 것을 찾는 것이니

가장 귀한 것을
가장 먼저 하는 것이
하늘 농부의
첫걸음이다.

가난한 자는 밭을 경작함으로 양식이 많아지거니와 불의로 말
미암아 가산을 탕진하는 자가 있느니라. Proverbs 13:23

50. 세움

자리에 앉아
나를 세운다.
하늘을 우러러
거룩함을 따른다.

생명의 가정은
세상의 희망이다.
모든 것이 무너져도
그 안에 사랑이 있다.

나의 몸은
생명의 성전이다.
우주의 숨이
나를 통해 흐른다.

아무나 나라를
세울 수 없다.
생명의 나라는
생명으로 세워진다.

생명의 마음이 모여
생명의 세계를 이루니

그것이 없다면
사는 것이 무엇인가?

내가 우주이고
우주가 나일진대
내가 바로 서면
하늘이 열릴 것이다.

그것을 위해
내가 살아간다.
먹는 것이 문제가 아니라
존재의 이유가 중요한 것.

나의 손으로 집을 세우고
내 가슴으로 생명을 키운다면
그것이 내가 살아가는
최고의 의미일 것이다.

지혜로운 여인은 자기 집을 세우되 미련한 여인은 자기 손으
로 그것을 허느니라. Proverbs 14:1

51. 보전

생명의 숨이 모여
오늘의 네가 되었으니
네 숨결을 지키고
네 마음을 지키라.

마음에 가득한 것이
입으로 나오느니
너의 마음에 무엇을
쌓아야 하겠느냐?

입을 연다고
다 말이 아니고
말을 한다고
다 진실이 아닌 것.

입을 지켜
천하를 얻게 되고
말을 다스려
우주를 얻게 되니

너의 말을 주의하고
네 마음의 흐름을 살피라.

입을 빼앗기지 말고
마음을 잃어버리지 말라.

굳이 일부러
말을 하지 않아도
무너질 것은 무너질 것이고
세워질 것은 세워질 것이니

수많은 은혜가
무상으로 내려와도
받을만한 자는 받을 것이고
받지 못할 자는 받지 못하는 것.

언제나
자신을 돌아보아
버릴 것은 버리고
지킬 것은 지켜야 한다.

미련한 자는 교만하여 입으로 매를 자청하고 지혜로운 자의
입술은 자기를 보전하느니라. Proverbs 14:3

52. 떠나라

오늘도
길을 떠나며
저만큼 멀어져간
나 자신을 돌아본다.

나는 지금
어디로 가고 있는가?
나는 지금
무엇을 바라고 있는가?

나는 날마다
길 떠나는 나그네.
욕망의 신발을 벗어들고
그 앞에 선다.

떠날 것을
떠나지 못해
거기에 붙잡혀
살아가는 사람들.

떠나는 사람들은
거기까지 그만큼

위대한 것에
가까워지는 것이다.

얼마나 벗어야
찬란한 나비가 될 것인가?
얼마나 달려야
하늘로 비상할 것인가?

언제든 떠날 수 있도록
마음의 준비를 한다.
지고 갈 짐을 싸며
하늘의 명을 기다린다.

지금 제가
여기에 있나이다.
나를 보내소서!
나를 써주소서!

너는 미련한 자의 앞을 떠나라. 그 입술에 지식 있음을 보지 못
함이니라. Proverbs 14:7

3 장

선의

53. 자기의 길

나는 내 길을 안다.
날마다 걷고 걸어
마침내 도달하게 될
하늘의 자리.

거기에 가면
더 이상 걸어야 할 길이
남아 있지 않는
마지막 길인 것.

마지막이라는 것은 언제나
안도의 숨을 내쉬게 된다.
하루의 짐을 내려놓고
이제 쉴 수 있다는 것.

삶은 앎으로 길을 삼고
앎은 삶으로 완성이 된다.
우리의 삶은 앎으로
슬프지 않다.

언제나 길을 가다가
앎과 삶이 하나로 되면

잠깐 거기에 앉아
순간을 본다.

아름다운 순간들이 모여
아름다운 삶이 되는 것.
그렇지 않다면
삶이란 도대체 무엇인가?

앎은 질문으로 시작되고
삶은 걸음으로 완성된다.
우리는 다만 그때까지 끊임없이
발길을 내딛는 것이다.

질문을 던지고
길을 걷는 자는 행복하다.
그는 앎을 얻게 될 것이고
목표에 도달하게 될 것이다.

슬기로운 자의 지혜는 자기의 길을 아는 것이라도 미련한 자
의 어리석음은 속이는 것이니라. Proverbs 14:8

54. 선 의

나에게 불굴의 의지를 주소서!
나 자신을 갈고 닦아
마침내 하늘에 이르러
영원한 자유를 얻게 하소서!

끊임없이
당신의 자리에 올라
당신의 빛나는 성소에
거하게 하소서!

나에게서 당신의 빛이 흘러나와
세상을 밝히게 하시고
뭇 영혼들의 갈증을 적시는
생명의 샘물이게 하소서!

감정에 흔들리지 않고
기분에 좌우되지 않으며
언제나 초월의 하늘에 거하는
당신의 수행자이게 하소서!

당신의 가신 길을 따라
언제나 당신과 동행하며

묵묵히 주어진 길을 걸어가는
하늘의 순례자이게 하소서!

사랑의 마음으로
불의에 분노하며
날마다 행동하는
혁명가로 살게 하소서!

선한 의지가
선한 사람을 만들고
선한 생각이
선한 세상을 이루는 것이며

모든 것은
의지에서 시작하고
의지가 있는 곳에
행동이 일어나나니…

미련한 자는 죄를 심상히 여겨도 정직한 자 중에는 은혜가 있
느니라. Proverbs 14:9

55. 결국

꽃이 피면
열매가 있고
시작이 있으면
마침이 있으리라.

네가 심은 것은
네가 거둘 것이니
마지막에 웃는 자가
진정으로 웃는 자이다.

지금 선을 심으라.
내일은 내일의 것이고
내일은 아직 존재하지 않았으니
지금 최선을 다하라.

지금을 사는 것이
영원을 사는 것이니
지금을 잘 살지 못하고
무엇을 얻을 수 있겠느냐?

날마다 오늘을 살고
그날은 거기까지 마치는 것이니

오늘을 잘 살지 못하는 자는
내일을 잘 살 수 없는 것이다.

오늘이 모여 내일이 되고
순간이 쌓여 영원이 되는 것이니
이것이 우리에게 주신
시간이 비밀이라.

항상 마지막을 기억하라.
우리의 시간은 영원하지 않다는 것.
오늘이 지나면 내일이 온다는 것.
오늘을 잘 살면 내일이 기다린다는 것.

믿음을 가지라.
누가 더 오래 마지막까지
참고 견디어내느냐,
거기에서 승패가 갈리는 것이다.

악인은 선인 앞에 엎드리고 불의한 자는 의인의 문에 엎드리
느니라. Proverbs 14:19

56. 소유

버린다.
마지막 남은 하나까지
그토록 오래 쌓인
감정의 찌끼들.

오른다.
세상의 욕망을 벗어들고
나를 기다리는
신의 산으로.

태운다.
낡은 신을 벗고
오늘 나에게 주어진
하늘의 옷을 입는다.

그것을 위해
내가 존재한다.
그것의 완성을 위해
내가 숨을 쉰다.

그것을 위해
내가 살아간다.

그 목표를 위해
주어진 길을 걷는다.

사람마다 다 제각기
자기의 길이 있을 것.
자기가 세상에 태어난
존재의 이유가 있을 것이다.

어떤 사람은
하늘의 길을 가고
어떤 사람은
욕망의 길을 간다.

그리고 어떤 자들은
어떠한 의식도 없이
아무런 의지도 없이
그저 자기의 자리에 앉아 있다.

지혜로운 자의 재물은 그의 면류관이요, 미련한 자의 소유는
다만 미련한 것이니라. Proverbs 14:24

57. 조급

하늘의 뜻을 알지 못해
내가 먼저 앞장서고
나 자신을 살피지 못해
감정이 치솟는다.

때를 기다리지 못해
내가 먼저 일어나고
하늘의 때를 알지 못해
꿈과 생명을 포기한다.

마음의 평정이 우선이다.
거기에 모든 해결이 있다.
내가 온전히 기다리면
하늘이 내려온다.

하늘보다 앞서지 않으며
하늘을 조종하지 않는다.
모든 것을 하늘에 맡기고
그의 뜻을 기다린다.

하늘이 가장 좋게
해결해줄 것이다.

나의 자리에 앉아
마음의 흐름을 살핀다.

나는 어디로
흘러가는가?
나는 무엇을
원하고 있는가?

나 자신을 통해
하늘의 흐름을 본다.
자신을 살피는 자는
하늘을 살피는 자이다.

위에 올라
아래를 본다.
내 자리에 앉아
하늘을 본다.

노하기를 더디 하는 자는 크게 명철하여도 마음이 조급한 자
는 어리석음을 나타내느니라. Proverbs 14:29

58. 유순한 대답

천지가 움직여도
그는 움직이지 않는다.
아무런 격동도
일어날 수가 없다.

억지로 되는 것이 없고
화내서 되는 것이 없다.
때를 아는 자는
밀어대지 않는다.

이치를 아는 자는
때를 기다린다.
철리를 깨친 자는
조용히 미소를 짓는다.

높지도 않고
낮지도 않다.
비겁하지도 않고
과격하지도 않다.

그의 말 한마디는
생명을 살리고

그의 깨친 말은
하늘을 움직인다.

자신을 알고
하늘을 아는 자는
흐르는 물처럼
부드러운 것.

넘침도 없고
모자람도 없으며
그 자신 안에
모든 것을 가진다.

그 말 한마디면
족한 것이다.
이 노래 하나면
충만한 것이다.

유순한 대답은 분노를 쉽게 하여도 과격한(harsh) 말은 노를 격동하느니라. Proverbs 15:1

59. 지혜의 혀

뼈도 아닌 것이
힘도 없는 것이
바다를 가르고
폭풍을 일으킨다.

창도 아닌 것이
잡을 수도 없는 것이
심장을 찌르고
피를 흘리게 한다.

약도 아닌 것이
먹을 수도 없는 것이
마음을 다스리고
상처를 치유한다.

보이지도 않는 것이
만질 수도 없는 것이
사랑을 나누고
영원을 약속한다.

그만큼만 부드럽고
그만큼만 분별하라.

가릴 것은 가리고
삼킬 것만 삼키라.

있다고 먹지 말고
보인다고 갖지 말라.
때도 없이 열지 말고
입을 다물고 말을 멈추라.

깨달음이 없이는
말을 하지 말고
해보지 않고는
지껄이지 말라.

자리에 앉지 않고는
시작하지 말고
십자가가 아니라면
기도하지 말라.

지혜 있는 자의 혀는 지식을 선히 베풀고 미련한 자의 입은 미
련한 것을 쏟느니라. Proverbs 15:2

60. 치유의 혀

그대의 따뜻한 말 한마디면
세상이 밝아질 것이거늘
그것을 모르니
참으로 불쌍타.

부드러운 말 한마디면
추운 얼음이 녹아내리고
천지에 꽃이 필 것인데
어찌 어리석은 일만 하는가?

생명의 말을 모르니
죽음이 따르고
치유의 말을 모르니
파괴를 일삼는다.

과거로 돌아가
무엇을 하려는가?
싸늘한 미소로
한을 풀려는가?

거기까지 갈 수밖에
그것밖에 못 할 수밖에

자신도 죽어가고
세상도 무너진다.

자기 길을 알지 못하니
모두가 비극이다.
조용히 머리를 깎고
수행으로 들어가라.

마지막 남은 길을
돌이킬 수 없으니
그 길을 걸어가는
모양이 부끄럽다.

덕으로 신을 신고
사랑으로 젖을 먹여
생명을 가슴에 품는
어머니를 기다린다.

온순한 혀는 생명나무이지만 패역한 혀는 마음을 상하게 하느
니라. Proverbs 15:4

61. 제사

나를 갈고 닦아
하늘에 드린다.
나의 불을 밝혀
영혼을 비춘다.

내가 있는 곳,
그곳에
한줄기
미소를 밝힌다.

더 하려는 것도
오만이고
덜 하려는 것도
게으름이다.

하루를 살며
주어진 불을 밝히면
그것이 향기로운
제사인 것.

마지막 재까지
나를 살라

후회함 없이
사는 것이다.

무언가를 남기려는 것은
땅을 더럽히는 것.
아무것도 남기지 않고
모두를 사르는 것이다.

제사를 드리지 않고
기도를 드린다.
설교를 하지 않고
노래를 부른다.

하늘이 문을 열 때까지
하늘이 받을 그때까지
나의 마음을 모아
주어진 길을 걸어간다.

악인의 제사는 여호와께서 미워하셔도 정직한 자의 기도는 그
가 기뻐하시느니라. Proverbs 15:8

62. 배반

하늘의 길을 떠나
주어진 명을 버리고
그렇게 길을 감이
어떠한 것이더냐?

은전 서른 량에
일생 지켜온 믿음을 팔고
하루를 채울 밥 한 그릇에
거룩한 진리를 팔려느냐?

무엇이 그렇게 무섭더냐?
무엇이 그렇게 질기더냐?
마지막 숨을 넘기지 못해
하늘로 들어가지 못하느냐?

금수도 제 먹을 것만 먹고
미물도 자기 일을 하고 있거늘
너는 무엇을 위해
구차한 목숨을 유지하려느냐?

남들보다 한 치 높이 올라
으스대고 거들먹거리며

그것을 네 자식에게
넘겨주려 하느냐?

돌아오지 못할
외다리를 건너며
움켜쥔 손을 펴기가
그렇게 어려운 것이더냐?

너의 살아온
과거의 시간들이
영원으로 이어지는 것이
그렇게 두려운 것이더냐?

지나온 시간을 돌이키며
앞으로 살아갈 날들을 위해
지금 현재에 존재함이
그렇게 힘든 것이더냐?

도를 배반하는 자는 엄한 징계를 받을 것이요, 견책을 싫어하
는 자는 죽을 것이니라. Proverbs 15:10

63. 근심

하늘과 내가 하나라면
무엇이 근심인가?
가장 좋은 때에
하늘이 내려올 것.

어디든 자리에 앉으면
그곳이 수행의 도장이니
내가 서 있는 곳이
하늘의 자리로다.

눈을 감으면
하늘로 들어간다.
자신을 바라보니
허망이 보이도다.

욕심을 버리니
하늘이 내 것이다.
자유의 바람이 되어
영원을 주유한다.

갈 것도 없고
닦을 것도 없는

처음으로 돌아가니
거기에 내가 있다.

원래 바람이니
가둘 수가 없고
원래 바늘이니
두드릴 것도 없다.

그 세계에 들어가면
모든 것이 통하도다.
본질을 찾으면
하나로 귀일한다.

진리의 깨달음은
미소를 짓게 하고
세파에 얽매임은
슬픔을 가져온다.

마음의 즐거움은 얼굴을 빛나게 하여도 마음의 근심은 심령을
상하게 하느니라. Proverbs 15:13

64. 잔치

매일이 축제이고
언제나 잔치이다.
아픔의 눈물을 마시고
기쁨의 떡을 뗀다.

오늘은 다시 오지 않고
지금이 존재의 결정이니
날마다 현재에 살고
그날의 꽃을 피운다.

고난이라 생각하면
모든 것이 험악하고
경험이라 생각하면
모든 것이 신기하다.

잘못 된 것도 없고
슬퍼할 일도 없다.
그날의 걱정은
그날로 족하다.

다만 우리의 소원은
헛되지 않기를 바라는 것.

모든 것이 합력하여
선을 이루는 것이다.

오늘은 오늘의 삶이
준비되어 있고
내일은 내일의 삶이
기다리고 있으니

슬픔이 문제가 아니라
함몰이 문제이다.
자신을 바라보며
노래로 승화하라.

분노는 필요하되
넘침이 문제로다.
자신을 관조하며
혁명을 끌어가라.

고난 받는 자는 그 날이 다 험악하나 마음이 즐거운 자는 항상
잔치하느니라. Proverbs 15:15

65. 대로

하늘 앞에 바로 서서
삶의 길을 걸어간다.
기적을 구하지 않고
표적에 머물지 않는다.

매일 최선을 다해
마음을 바라보며
주어진 자리에서
하늘 뜻을 따른다.

십자가 넘어
부활을 바라보며
위대함 속에서
신성을 체험한다.

그렇게 사는 것이다.
운명의 길을 걷는 것이다.
오늘 죽어도 여한이 없는
그런 삶을 사는 것이다.

쉽게 굴복하지 않고
함부로 무릎 꿇지 않는

저항의 삶을 살아가는 것이다.
생명의 삶을 만들어가는 것이다.

절망 속에서
희망의 꽃을 피워가며
아무도 믿을 수 없는 곳에서
끝까지 믿음을 지키는 것이다.

생명의 노래를 부르는 것이다.
그렇게 순례의 길을 걸으며
욕망의 바벨탑이 아니라
기도의 돌 하나를 놓는 것이다.

그렇게 죽는 것이다.
나머지 모든 것은 하늘에 맡기고
거기까지 이루었다 고백하며
조용히 하늘로 돌아가는 것이다.

게으른 자의 길은 가시 울타리 같으나 정직한 자의 길은 대로
니라. Proverbs 15:19

66. 때의 말

말을 멈추어야 할 때는
입을 다물어야 하고
노래를 불러야 할 때는
입을 열어야 한다.

말을 할 때는
마음을 열어야 하고
노래를 부를 때는
영혼을 열어야 한다.

산을 오를 때는
목표를 보아야 하고
발걸음을 옮길 때는
숫자를 세어야 한다.

길을 걸을 때는
무심으로 돌아가야 하고
일을 할 때는
아랫배에 힘을 주어야 한다.

사람을 만날 때는
눈을 보아야 하고

사랑을 할 때는
계산을 버려야 한다.

주고 싶을 때는
아낌이 없어야 하고
모든 것을 주는
감동이 있어야 한다.

거기에서
기적이 일어난다.
그것이 바로
역사의 시작이다.

때를 분별하려 애쓰지 말라.
시간을 기다리지 말라.
지금 거기에서
너 자신을 불태우라.

사람은 그 입의 대답으로 말미암아 기쁨을 얻나니 때에 맞는
말이 얼마나 아름다운고. Proverbs 15:23

67. 생명의 길

생명의 길을 걸어
미망에서 벗어나며
보이는 세계를 넘어
참 진리를 깨닫는다.

진리의 길을 걸어
스올에서 벗어나며
보이는 지옥을 넘어
초월의 세계로 들어간다.

언제까지
거기에 있겠는가?
무엇을 위해
하루를 살겠는가?

하루라도 지옥이면
영원의 형벌이요
순간도 천국이면
거기가 하늘이니

나, 오늘도
그대와 함께

영원과 이어지는
이 길을 걸어간다.

언제나 영원이요
순간이 영원이니
순간을 살아가며
영원의 맛을 본다.

땅에서 살면서도
위에서 주유하며
위에서 놀면서도
땅에서 살아간다.

둘이 하나이요
하나가 둘이려니
여기에서 거기를 살며
거기에서 여기를 산다.

지혜로운 자는 위로 향한 생명 길로 말미암음으로 그 아래에
있는 스올을 떠나게 되느니라. Proverbs 15:24

68. 무게

하늘이 어두우면
한 방울의 물에도
영혼이 갇히고

하늘이 닫히면
영겁의 공기에도
숨이 막히게 된다.

접시 물에 빠져 죽고
닫힌 방 안에서
숨도 쉬지 못한다.

어깨를 짓누르는
세상의 무게가
너무 무겁다.

가벼운 것은 싫다.
의인의 말은 생각의 무게가 있고
악인의 말은 죄악의 무게가 있다.

영혼 없는 가벼운 말들이
돌풍이 되어

하늘을 날아다닌다.

쏟아내는 말의 파편들이
모가지를 댕강댕강
자르고 있다.

살아남을 사람이 없다.
버텨낼 재간이 없다.
같이 죽어나간다.

자리에 앉으면 태산이 되고
생각을 풀어내면 끝이 보이지 않는
그런 노래의 사람이고 싶다.

노래가 바람을 일으키고
안으로 열매를 익게 하는
그런 역사를 일으키고 싶다.

의인의 마음은 대답할 말을 깊이 생각하여도 악인의 입은 악
을 쏟느니라(gush). Proverbs 15:28

69. 밝음

기쁘게 보라.
보는 것이 힘이니
잘 보아야
일으킬 수 있으리라.

좋은 소식을 전파하라.
미망 속에 헤매는 파편이 아닌
살아내어 역사를 꿰뚫는
깨달음의 말을 하라.

이것이 그대가 세상에 존재하는
그 이유인 것이고
한낱 구차한 목숨을 유지하는
그 목적이 아니던가?

밝게 보라.
사물의 실상을 보고
너의 촛불 하나를 켜서
천년의 어둠을 밝히라.

하늘을 세상에 알리고
하늘의 노래를 부르라.

아무것도 볼 수 없는 곳에서
희망의 나무를 심으라.

할 수 있는 만큼
행동을 하고
숨을 쉴 수 있는 만큼
노래를 부르라.

걸어갈 수 있는 만큼
걸어가고
고칠 수 있는 만큼
고쳐가라.

오늘은 오늘의 노래를 부르고
내일은 내일의 노래를 부르라.
이것을 위해 여기에서 살아가는 것이며
이것이 오늘의 숨을 쉬는 그 이유인 것이다.

눈이 밝은 것은 마음을 기쁘게 하고 좋은 기별은 뼈를 윤택하
게 하느니라. Proverbs 15:30

70. 생명의 경계

생명이 경고한다.
너의 삶을 돌이키라.
회개에 합당한
열매를 맺으라.

네가 살아가는
삶의 방식을 바꾸라.
너의 귀를 열라.
하늘의 소리를 들으라.

듣는 자는
살아날 것이고
다시 돌아올 기회를
얻게 되리라.

그렇게 살아서는 안 된다.
모두가 하나라는 것을 알아야 한다.
그가 바로 나인 것이고
내가 바로 그인 것이다.

내가 어디 있고
네가 어디에 있는가?

우린 같은 물을 마시고
같은 공기로 숨을 쉰다.

언제나 하늘의 경계에
귀를 기울인다.
한 발을 잘못 내디디면
천길 나락으로 떨어지니

사랑이 아니라면 존재할 수 없고
생명이 아니라면 살아갈 수가 없다.
하늘의 소리를 듣고
영혼의 소리는 듣는다.

그렇게 살아서는 안 된다.
새로운 문명을 창조해내야 한다.
자기의 자리에서 평화를 누리며
생명 세상을 만들어야 한다.

생명의 경계를 듣는 귀는 지혜로운 자 가운데 있느니라.
Proverbs 15:31

71. 경히 여김

너의 영혼을
가볍게 여기지 말라.
하늘의 소리를
외면하지 말라.

하늘을 빙자하여
역사를 호도하지 말라.
가만히 앉아서
그의 존재를 증명하려 하지 말라.

하늘에 앉아계신
그런 하나님은 없다.
그는 우리와 함께 행동하시며
그는 우리보다 앞서 나가신다.

그의 살아계심을
경멸하지 말라.
심은 대로 거두게 될 것이고
말한 대로 이루어 질 것이다.

네가 하는 그대로
역사는 흘러갈 것이며

네가 뿌린 그대로
싹이 나게 될 것이다.

그의 뜻을 따르며
역사 속에서 생명의 숨을 쉬라.
그를 따라서 십자가를 지고가라.
그의 역사에 너 자신을 던지라.

일하지 않고는 먹지도 말며
행동하지 않고는 잠을 자지 말라.
땀 흘려 거두지 않음이
가장 큰 수치인 것이니

앉아서 기도하지 말고
일어나서 길을 걸으라.
너의 소리를 높이지 말고
지금 할 수 있는 일을 하라.

훈계 받기를 싫어하는 자는 자기의 영혼을 경히 여김이라. 견
책(correction)을 달게 받는 자는 지식을 얻느니라. Proverbs
15:32

72. 겸손

많이 가지지 않는다.
손에 들고
갈 수 있는 만큼만
등에 지고 간다.

많이 노래하지 않는다.
생명의 이름을
불러줄 수 있는 만큼만
노래를 부른다.

많이 먹지 않는다.
하루의 숨을 쉬고
길을 걸을 수 있는
그만큼만 먹는다.

잘 난체 하지 않는다.
다 하늘이 나에게 주신 것.
내가 가지고 나온 것은
어느 것 하나도 없다.

지금 여기에서
그만큼 내려오는

그 은혜로 살아간다.
그 믿음으로 걸어간다.

더 이상도 더 이하도 아니고
더 높은 것도 더 낮은 것도 아닌
그만큼만 살아간다.
그만큼만 기뻐한다.

진정한 지혜는
하늘 앞에 머리를 숙이는 것이니
이렇게 살아갈 때
높이 여김을 받으리라.

너의 자리에서
너의 숨을 쉬라.
날마다 그만큼만
너의 숨을 내 뱉으라.

여호와를 경외하는 것은 지혜의 훈계라. 겸손은 존귀의 길잡이
니라. Proverbs 15:33

73. 마음의 경영

마음이 움직이지 않음은
눈을 감지 않기 때문이요
하늘이 내려오지 않음은
마음이 분주하기 때문이다.

순간의 즐거움에
머리를 처박으니
세상의 일에 바빠
하늘을 보지 못한다.

무엇이 그토록
산란하게 하는가?
빛을 모으지 않으면
불이 일어나지 않는다.

가장 중요한 농사는
마음의 농사인 것.
마음 한번 잘 먹으면
하늘이 정원이 된다.

마음을 살피고
생각을 살핀다.

주어진 시간에
하늘을 바라본다.

소유와 재물에
마음을 두지 않는다.
그토록 버리기 힘든 것을
어찌 그렇게 가지려 하는가?

허상을 버리고
헛된 생각을 끊는다.
날마다 끊어도 다시 살아나는
무서운 애착의 뿌리.

내가 하늘에 서 있으면
거기에서 줄기가 자라날 것.
내가 계획하고 심으면
그가 거두게 하실 것이다.

마음의 경영은 사람에게 있어도 말의 응답은 여호와께로부터
나오느니라. Proverbs 16:1

74. 적당하게

버릴 것도 없고
자를 것도 없다.
모든 것은 거기까지
하늘의 뜻이다.

다리를 건너면
하늘이 보이고
얼음이 얼면
호수를 건넌다.

죽음이 없으면
살아서 만나고
죽음의 후에는
영원으로 만나니

죽어도 두려움이 없고
살아도 서러움이 없다.
내가 거기에 없다고 울지 말라.
누구나 겪어야 할 삶의 여정이니

살아서 같이 만나
사랑을 나누고

죽어서 헤어져
정리를 끝내는 것.

없어지는 것도 없고
사라지는 것도 없으니
그저 한평생 같이 걸을 수 있다면
그것으로 족한 것이리.

나 죽어도 울지 말고
나 떠나도 슬퍼 말라.
모든 것이 때에 맞게
적당한 것이리라.

많이 살지도 않고
많이 걷지도 않으니
오늘 여기까지 숨을 쉬며
내 자리에 앉을 것이다.

여호와께서 온갖 것을 그 쓰임에 적당하게 지으셨나니 악인도
악한 날에 적당하게 하셨느니라. Proverbs 16:4

75. 화목하게

눈을 감는다.
내가 눈을 감는 것은
세상을 등짐이 아니요
세상보다 나를 먼저 보기 위함이니

자신을 보는 자는
밖으로 손가락질 하지 아니하고
그만큼 철저히
자신을 돌아볼 것이다.

하늘 앞에 서서
부끄럼이 없다면
어디에 선다 해도
두려움이 없으리라.

자리에 앉아서
하늘로 들어가면
영원이 흐르고
길이 열리게 될 것.

하늘과 하나 되고
이웃과 화목하면

문제도 사라지고
막힘도 없어지리니

원수도 없고
타인도 없는
거기가 바로
진리의 자리라.

모든 것을 내려놓고
모든 것을 버리는 거기가
하늘과 하나 되는
자리일 것이니

나, 이제
그곳으로 들어간다.
언제나 그곳을 바라보며
나의 거룩한 산을 오른다.

사람의 행위가 여호와를 기쁘시게 하면 그 사람의 원수라도
그와 더불어 화목하게 하시느니라. Proverbs 16:7

76. 백발

백발이 부끄러움은 아니지만
세월의 흐름이 자랑도 아니니
나이 먹음을 나타내지 말고
그 연륜을 드러내야 하리라.

산이 높은 것이 자랑이 아니고
퇴적이 오랜 것이 깊이가 아니니
태산처럼 버티며 우뚝 서 있는
그 장엄함이 드러나야 하리라.

오래 산 것이 자랑이 아니고
여러 가지 경험이 부함이 아니니
의로움에서 비겁하지 아니하고
공의의 길에 서있어야 하리라.

나이가 들수록
지혜가 깊어가고
한 발의 발걸음도
가벼워야 하리니

추하게 늙지 않고
멋지게 나이 듦이

얼마나 아름답고
시원한 것이던가?

형형한 눈빛에
촌철의 지혜가 있고
한걸음도 헛되지 아니하고
한마디도 빈틈이 없으니

세월이 짧을수록
낭비할 시간이 없고
시간이 지날수록
일할 날이 줄어만 가도다.

언젠가 마지막 날,
다 이루었다 삶을 마치며
하늘로 돌아갈
그때가 가깝도다.

백발은 영화의 면류관이라. 공의로운 길에서 얻으리라.
Proverbs 16:31

77. 마음의 연단

도가니에서 은이 나오고
풀무에서 금이 나오 듯
불로 지지는 고통 속에서
한 알의 진주가 태어난다.

진주는 아무렇게나
만들어지는 것이 아니라.
날마다 아픔을 영롱하게 모아
그 광채를 만들어 낸다.

눈물이 없는
감동이 있었던가?
고치를 뚫음이 없는
나비가 있었던가?

절망이 없는
희망이 있었던가?
버림이 없는
깨침이 있었던가?

하여,
고난의 누이여 오라.

눈물의 어머니여!
웃음을 지으라.

산고의 고통 속에서
생명은 태어나고
가슴을 나누는 뜨거운 사랑 속에서
열매는 자라가는 것이니

하늘이 무너지고
땅이 갈라질 때마다
나는 미소를 지으며
다시 일어설 것이다.

그 속에서
부활의 역사를 일으키며
불사조처럼
하늘을 날게 될 것이다.

도가니는 은을, 풀무는 금을 연단하거니와 여호와는 마음을 연
단하시느니라. Proverbs 17:3

78. 들음

지금 나에게 들려오는
하늘의 소리를 듣는다.
무엇을 해야 하는가?
무엇을 위해 살아가는가?

언제나 소리는 있다.
다만 우리의 귀가
어디를 향하여 있는가,
그것이 문제이다.

우리의 마음에는
두 개의 소리가 있다.
하늘의 소리와
욕망의 소리.

날마다 씻어도
쌓이는 마음의 쓰레기는
태산이 되어
내 앞에 놓여있다.

씻지 않으면
마음을 더럽히고

버리지 않으면
하늘을 가린다.

흐르는 물에
귀를 씻는다.
흘러가는 바람에
영혼의 찌끼를 날린다.

하루를 쉬면
내가 알고
이틀을 쉬면
하늘이 안다.

그날의 괴로움은
그날로 족한 것이니
할 수 있는 데까지 하는 것이고
갈 수 있는 데까지 가는 것이다.

79. 멸시

태어날 때부터
금줄을 두른 것처럼
착각하며 사는 자들이 있다.
언제부터 그렇게 되었는가?

이웃이 더럽다고
같이 하면 부정탄다고
옆에 앉지도 못하는
인간들이 있다.

세상은 참
요지경 속이다.
알다가도 모를 일이고
착각을 해도 분수를 넘는다.

언제부터 그들이
금줄을 둘렀던가?
태어날 때부터
종자가 다른 것인가?

남의 것을 빼앗아
욕심껏 자기 배를 불려

천년만년 사람들 위에 올라
하늘 높이 원성을 쌓고 있다.

진정한 하늘을
한 번도 보지 못한 자들.
자기 살아가는 세계가
세상의 전부인 것처럼 생각하는 자들.

정의와 공의는
가난한 자들에게서 나온다.
그들이 그렇게 인정할 때
하늘도 그것을 인정할 것이다.

이웃을 멸시하는 자는
자기를 멸시하는 것이며
자기를 멸시하는 자들은
하늘도 그들을 멸시할 것이다.

가난한 자를 조롱하는 자는 그를 지으신 주를 멸시하는 자
요 사람의 재앙을 기뻐하는 자는 형벌을 면하지 못할 자니라.
Proverbs 17:5

80. 합당

아무나 칭찬하지 말라.
입에 발린 말로 떠벌이지 말라.
미련한 자는 그 말이 진짜인줄 알고
하늘까지 높아지려 한다.

칭찬한다는 것은
자기를 높이는 것이다.
높은 자리에 있다고 생각하는 사람만이
낮은 사람을 칭찬하는 것이다.

칭찬으로 그 사람을
조정하려 하지 말라.
교활하게 거짓말로
술책을 부리지 말라.

단지 감사하는 말을 하라.
함께 가자고 하라.
인생의 짐을 서로
나누어지자고 하라.

칭찬으로 춤을 추지 말라.
칭찬받지 못했다고 풀죽지 말라.

네가 좋으면 세상이 좋은 것이고
네가 싫으면 천하가 싫은 것이다.

모든 것을 그저
좋게만 보지 말라.
깊이 생각하고
진리를 탐구하라.

깨달음의 진리는
의문에서 나오는 것이고
진정한 과학은
실증에서 나오는 것이니

부정을 거쳐야
긍정에 도달하는 것이고
끊임없는 질문에서
진실을 깨치게 되리라.

81. 허물

허물없는 자 없고
부족함 없는 자 없으니
잘못된 것을 자꾸 말하면
그것이 하늘만큼 커지게 된다.

장점을 확대하면
단점은 사라지게 되고
좋은 점을 하늘 위로 올리면
조그만 티끌이 문제가 될 것인가?

자꾸 끄집어 내지 말라.
먼지만 피어오르게 되니
그냥 묻어두고 썩히면
삶의 양분이 되리라.

너희 중에
죄 없는 자가
먼저 돌로 치라.
그렇다면 자기를 먼저 쳐야 하리라.

아무도 타인을
정죄할 수 없다.

다만 자기가 자기를
심판하는 것이다.

사람은 때가 되어야
변할 수가 있다.
그때까지는
기다려야 한다.

아무도 그를
바꿀 수 없다.
사람은 자기가 변하려 해야
변하게 된다.

하늘도 기다리니
나도 기다린다.
때가 되면
하늘의 뜻이 이루어질 것이다.

허물을 덮어 주는 자는 사랑을 구하는 자요 그것을 거듭 말하
는 자는 친한 벗을 이간하는 자니라. Proverbs 17:9

4 장

통찰

82. 미움

악인은 악한 것이고
의인은 의로운 것이니
악인은 의인이 될 수가 없고
의인은 악인이 될 수가 없다.

악인이 양의 옷을 입는다고
선한 양이 될 수가 없고
의인에게 늑대의 옷을 입힌다고
악한 늑대가 될 수가 없다.

아무리 악인이 의인이라고
거기에 희망이 있다고 소리를 쳐도
어느 날 모든 눈이 녹아내리면
진흙탕이 드러나게 되는 것처럼

아무리 의인을 악인이라고
거짓의 옷을 입히고
떠들어댄다 해도
진실은 언젠가 드러나게 되는 것.

늑대가 내려왔다고
거짓말을 하는 것도

계속해서 반복하게 되면
언젠가 거짓이 밝혀지게 되는 것.

자기가 뿌린 씨앗은
자기가 거두게 되는 것이고
자기가 판 함정에
자기가 빠지게 될 것이다.

미국에 미치지 말고
소련에 속지 말라.
중국에 중화되지 말고
일본에 일침을 가하라.

역사의 이면을 보고
뉴스의 여백을 읽으라.
하늘의 징조를 읽고
민중의 소리를 들으라.

악인을 의롭다 하고 의인을 악하다 하는 이 두 사람은 다 여호
와께 미움을 받느니라. Proverbs 17:15

83. 위급

진정한 친구는
도망을 가지 않는다.
그때가 바로
기회가 된다.

선한 목자는
양들을 위하여
목숨을 버린다.
그것이 식별의 표지이다.

나는 이것을 위하여 왔다.
이것 때문에
내가 세상에
존재하는 것이다.

입으로 말하지 말고
삶으로 말을 한다.
그의 말은
그의 삶으로 증명이 된다.

삶이 흔들릴 때가
영혼이 흔들릴 때이다.

옛것을 헐어야
새것을 세울 수가 있다.

지혜로운 자는
주어진 상황을 간파하고
가장 적절한
도움을 준다.

내가 주고 싶은 것이 아니라
그가 필요한 것을 준다.
적어도 남아있는 자존심은
건들지 않는다.

내가 살아가는 곳이
바로 나의 본향이다.
여기에서 최선을 다하면
거기에서 선이 이루어질 것이다.

84. 재앙

어떤 사람은 말로
생명의 밥을 짓고
어떤 사람은 말로
화의 밥을 짓는다.

갈한 목을 축이는
한 방울의 생수도
뱀이 마시면 독이 되고
소가 마시면 우유가 된다.

마음을 바로 써야 한다.
마음을 바로 펴야 한다.
하늘의 마음으로
사랑을 나누어야 한다.

친절이 습관이 되어야 하고
그것이 생활에 젖어야 한다.
저절로 그렇게
삶에서 나와야 한다.

마음이 복의 근원이고
마음에서 모든 행동이 나온다.

말은 마음의 표현이고
마음에 있는 것이 입으로 나오니

마음을 수련하는 것은
말을 수련하는 것이며
말을 수련하는 것은
마음을 수련하는 것이다.

진실만을 말하라.
깨달음을 말하라.
하늘에서 내려온
계시만을 전하라.

오늘의 계시가 없다면
그저 조용히 입을 다물라.
푸른 하늘에
너의 침을 뱉지 말라.

마음이 굽은 자는 복을 얻지 못하고 혀가 패역한 자는 재앙에
빠지느니라. Proverbs 17:20

85. 미련한 자

밝고 분명함이
어둔 하늘을 밝히고
보이는 길을 걸어가니
목표가 멀지 않다.

그것은 자기를 갈고 닦는
수행의 길이요
하나 되어 평화를 이루는
하늘의 길인 것이니

진흙탕에 같이 빠져
서로 끌어당기며 죽어가는
중생들은 오늘도
거기에서 울고 웃는다.

물론 거기에도 한 가닥 애정은 있겠지.
아이를 낳고
희로애락을 즐기는
감정은 있는 것이겠지.

그러나 그것이 전부는 아닌 것이고
무엇인가 하늘의 길을 찾아가는

구도의 길이
있지 않겠는가?

가끔은 돌아서서
생각에 잠기는
그것으로 세상은
한 걸음씩 나아간다.

항상 어둠 속에서도
희망을 기다리며
머리를 쳐드는
사람이 필요하니

나의 생각이 하늘의 뜻이라면
거기에 길이 있을 것이다.
세상을 밝히고 생명을 살리는
희망이 있을 것이다.

86. 악한 자

사는 것은 자유로되
결과는 너의 것이다.
선택은 네가 하지만
책임은 바로 져야한다.

최고를 향하지만
최선을 지향하라.
높은 것은 선한 것이어야 하고
선한 것은 높은 것이어야 한다.

선하다고 어설프지 말고
높다고 교활하지 말라.
부하다고 교만하지 말고
없다고 손가락질 하지 말라.

많이 가진 자는
많이 섬겨야 하고
많이 받은 자는
많이 갚아야 하리라.

부자는 책임이 따르고
빈자는 자유가 따른다.

부한 자는 그만큼 바쁘게 살고
가난한 자는 그만큼 자유를 누린다.

악하게 살지 말라.
같은 하늘 아래에서
사랑을 나누며
함께 살아가라.

부끄럽게 살지 말라.
없으면서도 있는 듯이
있으면서도 없는 듯이
하루의 쓸 것만 사용하라.

이웃을 생각하여
함부로 처신하지 말라.
가난한 이웃을
너의 친구로 삼으라.

악한 자가 이를 때에는 멸시도 따라오고 부끄러운 것이 이를
때에는 능욕도 함께 오느니라. Proverbs 18:3

87. 깊은 물

흔들리지 않는다.
언제나 변함이 없다.
끝을 알 수가 없다.
가라앉아 고요하다.

바람이 불면 부는 대로
태양이 뜨면 뜨는 대로
비가 오면 빗물이 되어
강으로 흘러간다.

수많은 생명들이
그 안에서 살아간다.
가림이 없고
꺼림이 없다.

모든 것을 품으며
모든 것을 안는다.
그 안에 들어오면
모두 하나가 된다.

찌끼는 가라앉고
꽃은 피어나고

그 안에서
모든 것은 정화된다.

한번 몰아치면
천지가 흔들리고
그리고 또다시
처음으로 돌아간다.

돌아가고
다시 돌아오고
언제까지 거기에서
그렇게 돌아간다.

샘이 솟아나고
물은 흐르고
이렇게 세상으로 흘러
어느덧 큰 강이 되어간다.

88. 영혼의 그물

바람에 걸리는 새는
어디에서 날아올까?
그물에서 파드득 거리는
그 죽음은 무엇일까?

말의 칼이
유성처럼 춤을 추고
하늘에 오르지 못한 이무기가
앙상한 나무에 걸려있다.

말이 필요 없는
세계에서 살아간다.
구름을 넘어가면
찬란한 태양이 있다.

누더기 같은 말을
덧붙임이 아니고
한마디 깨달음의 말로
통찰을 얻게 한다.

압력이 차오르면
언젠가 터지게 되는 것.

차곡차곡 깨침을 쌓아올리면
드디어 하늘에 오르게 되는 것.

그렇게 가는 것이다.
그날을 기다리는 것이다.
하늘의 세계를 열어
진실을 보여주는 것이다.

땅에서 살아가면
항상 고해에 있지만
하늘의 세계에 오르면
천지가 밝아진다.

그때가 오면
조용히 미소를 지으며
남아있는 모든 것을 버리고
날개를 다는 것이다.

미련한 자의 입은 그의 멸망이 되고 그의 입술은 그의 영혼의
그물이 되느니라. Proverbs 18:7

89. 자기의 일

오늘 하루의 해가 뜨고
이 땅에 대기가 존재하며
지구가 허파로 숨을 쉼이
바로 나를 위한 것이며

무섭게 땅이 흔들리고
그 지진이 수그러들어
이렇게 새 날이 시작됨도
바로 나를 위한 것이며

천지를 창조하고
하늘의 아들을
이 땅에 보내심도
바로 나를 위함이며

오늘 기도의 시간이 주어지고
하늘 아래에서 내가
영혼의 찬양을 드림이
바로 나의 일인 것이며

나의 이웃이 존재하고
그가 나와 같이 살아가며

나와 같이 고통을 나눔은
우리의 사랑을 위함이라.

나의 일이 무엇이며
내 일이 아닌 것이 무엇인가?
모두가 나의 일인 것이며
모두가 나를 위함인 것이니

분별을 넘어서고
가름을 통합하는
일체의 비결이
여기에 있도다.

자리에 앉아
정신을 갈고 닦아
날마다 하늘을 닮아가라.
마음에 하늘을 비추게 하라.

자기의 일을 게을리 하는 자는 패가하는 자의 형제니라.
Proverbs 18:9

90. 심 령

아무도 침범할 수 없고
아무나 들어올 수 없는
그곳이
나의 성소입니다.

하늘의 신성이 내려오는
그곳에 당신을 초대합니다.
거기에서 나는
당신을 기다립니다.

그 기다림 끝에
드디어 당신을 만나게 되는
그곳이 바로
나의 심연입니다.

마른 뼈다귀들에
생명의 바람이 불어와
죽어도 다시 살아나는
역사가 일어납니다.

다 죽어도
죽일 수 없는 그곳에

당신이 내 안에
내가 당신 안에 있습니다.

거기에서
나의 촛불을 밝힙니다.
우리가 밝히는 것은
언제나 희망입니다.

영원의 안식을
누리는 그곳에
당신의 오심으로
완성이 이루어집니다.

나에게는 모든 것이
당신께 드리는 기도입니다.
거기에서 나는 언제나
당신을 기다리고 있습니다.

사람의 심령은 그의 병을 능히 이기려니와 심령이 상하면 그
것을 누가 일으키겠느냐? Proverbs 18:14

91. 지식의 소원

천천히 간다.
말없이 간다.
그저 조용히
주어진 길을 간다.

그러면 된다.
더 이상
말할 것도
힘쓸 것도 없다.

헛된 길로 간다면
길을 간다는 것과
열심을 낸다는 것이
진리와 더 멀어지는 것.

차라리 자리에 앉아
때를 기다림이
잘못 가는 것보다
더 나을 것이다.

때가 차면
터질 날이 있다.

그날이 올 때까지
길을 닦는 것이다.

언젠가 한 번은
자신을 불태울 때가 있다.
그 날을 기다리며
오늘을 살아간다.

설령 그 날이 오지 않았다 해도
기다림이란
거기까지 그만큼
아름다운 것이다.

목표 없는 열정은
분주함으로 끝나고
열정 없는 하루는
목숨을 땅에 묻음이다.

지식 없는 소원은 선하지 못하고 발이 급한 사람은 잘못 가느
니라. Proverbs 19:2

92. 통찰

모든 선택은
자기의 것이다.
자기의 삶은
자기가 선택한다.

화를 내고
소리를 지르고
마음에 쌓이는 무거운 짐도
모두 자기의 선택이다.

똑같은 우물물이
어떤 때는 시원하고
어떤 때는 따뜻한 것처럼
물은 변함이 없지만 느낌이 다른 것.

사람은 자기의 목적을 이루기 위하여
자기의 감정을 선택한다.
자기를 합리화하기 위해
자기의 운명을 만들어 간다.

자기의 생각이 맞고
자기의 판단이 옳다는

그것을 증명하기 위해
불행을 선택하는 것이다.

자기의 세계는
자기만 바꿀 수 있다.
자기가 바뀌면
세계가 바뀌게 된다.

하여 자기의 원망은
자기에게로 돌아온다.
자기의 손가락질은
자기를 가리킨다.

하늘은 더 이상 우리에게
내려줄 것이 없다.
모든 것이 이미 주어졌으니
무엇이 더 필요한 것인가?

사람이 미련하므로 자기 길을 굽게 하고 마음으로 여호와를
원망하느니라. Proverbs 19:3

93. 계명

마지막 넘지 말아야 할 선이 있다.
끝까지 지켜야 할 금단의 열매.
그것을 놓는 날엔
생명도 없다.

그들은 그것을 이용한다.
될 대로 되라는 무책임이다.
자기가 무엇을 하는지도 모르고
같이 죽어간다.

그래서 그것이 있는 것이다.
자폭 방지를 위해
공멸의 억제를 위해
열쇠를 채워야 한다.

그냥 그것이다.
다 하지 말라는 것도 아니고
다 달라는 것도 아니다.
그 선만 지켜달라는 것이다.

그것까지 먹어야 되겠는가?
뿌리까지 갉아 먹어야 하겠는가?

그냥 모든 것을
버려야 될 것인가?

하늘의 가르침을 따르고
그의 소리를 듣는다.
듣는 자는
살아나리라.

자기 배만 채우고
배역의 길을
걸어가는 자는
망하게 되리라.

이것이 그것인가,
항상 자신을 살피고
하늘의 뜻을 살핀다.
거룩한 길을 걸어간다.

계명을 지키는 자는 자기의 영혼을 지키거니와 자기의 행실을
삼가지 아니하는 자는 죽으리라. Proverbs 19:16

94. 권고

우매한 자는
귀를 닫고
모자란 자는
마음을 닫는다.

무지한 자는
눈을 감고
무능한 자는
손을 감춘다.

악을 행하는 자는
발걸음을 지우고
약속을 버리는 자는
변명을 늘어놓는다.

그런다고 손바닥으로
하늘이 가리어지겠는가?
내려오는 하늘의 심판을
멈출 수 있겠는가?

눈을 닫고
마음의 귀를 열면

생명의 소리가 들려온다.
하늘의 말씀이 내려온다.

언제든지 내가 부르면
나에게 올 준비를 하라.
천년만년 살 것처럼
너의 성을 쌓지 말라.

생명은 하나이니
나누고 덜어주며
너의 짐을
가볍게 하라.

많이 먹지 말라.
먹은 만큼
갚아야 할 것이니
고개를 쳐들고 하늘을 바라보라.

너는 권고를 들으며 훈계를 받으라. 그리하면 네가 필경은 지
혜롭게 되리라. Proverbs 19:20

95. 계획

그가 몰아간다.
가만히 있을 수가 없다.
나의 모든 것이
이때를 위함이다.

이것을 위하여
내가 여기에 있다.
하늘의 부르심에
가슴이 뜨거워진다.

누구나 한 번은
자기를 살라
자신을 하늘에 드려야 한다.
마지막 임계를 넘어야 한다.

후회함 없이
살아야 한다.
생명의 춤을
추어야 한다.

하늘의 뜻에 따라
자신을 맡기면

그때부터 진정한
삶의 춤이 시작된다.

보여주기 위한
억지의 춤이 아닌
영혼에서 흐르는
노래가 있다.

산이 거기에 있듯
나는 여기에 있다.
하늘을 향하여 올리는
나의 기도가 있다.

목표를 세우고
진리의 길을 걷다보면
어느 날 뜻하지 않은 하늘의 선물이
나의 성소에 주어질 것이다.

사람의 마음에는 많은 계획이 있어도 오직 여호와의 뜻만이
완전히 서리라. Proverbs 19:21

96. 원함

하늘의 일에
필요한 사람이고 싶다.
생명의 역사에
도움이 되고 싶다.

평화의 세상을 이루며
진리의 강이 흐르게 하고 싶다.
주어진 자리에서
공헌을 하고 싶다.

하늘의 뜻을
이루며 살고 싶다.
하늘의 뜻을
이 땅에 펼치고 싶다.

할 수 있는 한
숨을 쉬는 날까지
그렇게 살다가
하늘로 돌아가고 싶다.

뜻이 있는 곳에
길이 있듯이

의지를 가진 자에게
길이 열리는 것이다.

그리고 모든 것을
거기까지 이룬 후에
내가 왔던 곳으로
돌아가는 것이다.

거기에서
그가 기다리고 계시니
우주의 근원이신
그분이 거기 계실 것이니

한 번 나 자신을 불태워
불꽃을 일으키는 것이다.
마지막 재를 남기며
미소를 짓는 것이다.

사람은 자기의 인자함으로 남에게 사모함을 받느니라. 가난한
자는 거짓말하는 자보다 나으니라. Proverbs 19:22

97. 심판

하늘 앞에 머리를 숙인다.
언제 그가 나를 부르실지
조용히
귀를 기울인다.

자리에 앉으면
언제나
하늘에 가득 찬
음성이 들려온다.

이제 그만
너의 사념을 버리고
나의 정원에
한 그루 나무가 되라.

그저
한 송이 꽃을 피우고
그 향기를
바람에 날리라.

차라리
모든 것을 버리고

그렇게 앉아
통나무가 되라.

그리고 홀연히
신의 산으로 들어가
살아생전에 입었던
그 육신을 벗으라.

할 수 있는 한
영원을 잇는 다리를 놓으라.
나에게는 언제나
오늘이 마지막이다.

거기에 앉아 있다는
그것만으로
내 존재의 의미를
다하는 것이다.

98. 다툼

나의 일을 한다고
다투지 말라.
너의 일을 하면서
나를 위한다고 착각하지 말라.

나를 위한 일은
너를 위한 일이어야 하고
너를 위한 일은
모두를 위한 일이어야 한다.

그것이 생명의 일이요
평화를 위한 일이거늘
이웃을 죽이며
너만 살려는 것이냐?

이웃 없이
너 없는 것이고
생명 없이
너희가 살아갈 수 없는 것이니

모두 하나가 되어
하늘의 뜻을 이루라.

우리가 하나이니
너희도 하나가 되라.

힘을 합하여
생명을 살리고
마음을 다하여
하늘의 뜻을 따르라.

마음을 모으면
불이 일어나고
악의 실재에 대한
두려움이 사라지리니

사람아,
무엇이 하늘이 원하는 것인지,
너희의 진실이 무엇인지 깨달아
사랑의 길을 걸어가라.

다툼을 멀리하는 것이 사람에게 영광이거늘 미련한 자마다 다
툼을 일으키느니라. Proverbs 20:3

99. 게으른 자

내가 최선을 다하면
나머진 하늘이 한다.
눈물로 씨를 뿌리면
언젠간 거두게 된다.

마음의 밭을 갈며
주어진 길을 가다 보면
하늘에 도달하는
그때가 있으리니

그날을 기다리며
길을 걸어간다.
때가 되면
이루게 될 것이다.

지금 거두지 못해도
지금 보이지 않아도
그것은 이미
내 손을 벗어난 것.

할 수 있는 일이 있고
할 수 없는 일이 있으니

거기까지 그만큼
하면 되는 것이다.

오늘도 길을 걸어가며
하늘을 바라본다.
나의 자리에 앉아
마음의 밭을 간다.

밭 갈지 않고
기경하지 않으면
온갖 잡초로 뒤덮여
아무것도 거둘 수 없으리니

거기까지 하면
되는 것이다.
억지로 되는 것도 아니고
그것이 하늘의 뜻도 아닐 것이다.

게으른 자는 가을에 밭 갈지 아니하나니 그러므로 거둘 때에
는 구걸할지라도 얻지 못하리라. Proverbs 20:4

100. 사람의 걸음

걷지 않는데
길을 갈 수 있으며
갈지 않는데
빛을 낼 수 있을까?

심지 않는데
거둘 수 있으며
하지 않는데
이룰 수 있을 것인가?

걷지 않고
목표에 도달하려 하며
갈지 않고
빛을 내려하고

심지 않고
거두려 하며
하지 않고
이루려 하는 것.

그것은
창조주를 시험하며

생명의 역사를
거스르는 것이니

오래 앉지 않고
응답을 기다리며
눈을 씻지 않고
보려하는 것이다.

입을 열어 소리만 내면
모든 것이 이루어질 줄을 믿는 것.
믿음이 죄가 된다는 것을
거기에서 알 수가 있다.

진리를 허물어 기적을 믿으려 하며
헛된 우상이 도사리고 있으니
그것은 땀 흘림 없는 추수와
십자가 없는 부활일 것이다.

101. 정의

입으로는 외쳐도
행동은 쉽지 않다.
외치는 것만도 어려운데
행함은 더 어려울 것이다.

차라리 외치는 것만 해도
그렇게 외쳤던 사람이 있었다는 것만도
역사에 존재할
가치가 있다.

그분은 그것을 원하신다.
나눔의 실천.
공의의 행동.
정의의 실현.

합력하여 선을 이루고
할 수 있는 한 최선을 다하는 것.
그것을 통해
역사는 진보하는 것이다.

뒤로 물러가지 말라.
악에 두려워하거나

가진 자의 편에 서서
역사의 수레바퀴를 물리지 말라.

마음의 평안과
영혼의 사치.
내세의 보장과
구원의 확신으로

허상의 안전을 확신하며
현실에서 관심을 돌리게 하는 것.
사악한 사탄궤계가
거기에 숨어있다.

진정한 제사를 드리라.
하늘이 흠향하는
그런 삶을 살아가라.
피 묻은 역사의 제물이 되라.

102. 눈이 높은 것

마음이 가는 곳에
행동이 따르듯이
죄와 악은
함께 간다.

마음을 씻지 않음이 죄요
행동을 하지 않음이 악이다.
마음과 행동을 가리어
진정한 하늘을 가리는 것.

우리는 그렇게 날마다 죄를 짓고 있다.
하늘을 손바닥으로 감추며
욕심에 자신을 맡기고
진실을 외면하고 있다.

이 땅에
죄인 아닌 자가 누구이며
하늘 앞에 서서
얼굴을 들 자가 누구인가?

다만 무릎을 꿇고
죄 없는 자가

먼저 돌을 던지라.
우리는 때를 기다리는 것뿐.

축복을 바라지 않고
형통을 바라지 않는다.
먼저 마음을 모아
나에게 부여된 십자가를 진다.

낮은 데 거하며
겸손을 따른다.
가장 어려운 곳을 찾아
뜨거운 사랑을 나눈다.

나에게 남아있는
무서운 죄성을 씻기 위해
이것이 내가 할 수 있는
마지막 일인 것이다.

눈이 높은 것과 마음이 교만한 것과 악인이 형통한 것은 다 죄
니라. Proverbs 21:4

103. 안개

나는 안개요
비를 담은 구름이니
있다가 사라지고
없다가 생겨난다.

태양이 비치고
하늘이 드러나면
나는 존재의 이유를 다하고
조용히 나의 길을 가게 된다.

와야 할 때
가장 아름답게 왔다가
가야 할 때
가장 멋지게 사라진다.

습기를 머금고
뜨거운 태양을 가려
대지에 생명을 주고 나면
우리는 왔던 곳으로 가야 한다.

필요할 때
유용하게 쓰이고

용도를 다하면
자리에서 일어서야 한다.

사람이라면 적어도
자기의 앉고 일어섬은
분명히 해야 할 것이다.
자기의 자리는 알아야 한다.

말해야 할 때
입을 굳게 닫고
기다려야 할 때
가볍게 나불대는 것.

왔다가 사라지는
안개만도 못하다면
헛된 재물을 쌓다가
죽음으로 끝날 것이다.

속이는 말로 재물을 모으는 것은 죽음을 구하는 것이라. 곧 불려 다니는 안개니라. Proverbs 21:6

104. 곧음

빛을 향하여 고개를 든다.
팔을 벌리고 그를 맞이한다.
아직 난 여기에 살아있다.
여기에서 숨을 쉬고 있다.

모든 걸 내려놓고
정갈한 무릎을 꿇는다.
한 모금의 생수를 주소서!
생명의 숨을 쉬게 하소서!

내가 기도를 올리는 것은
하늘로 향하는 마음이다.
목숨이 살아있는 동안
제대로 숨을 쉬기 위함이다.

정상을 향하여 산을 오른다.
그것이 없다면
내 삶은 죽음이다.
다시 죽을 필요도 없다.

나를 막기만 하면 된다.
그 자리에 앉아

머물게 하면 된다.
그러면 나는 죽을 것이다.

마지막 목표를 향하여 길을 걷는다.
언젠가 끝날 그날을 바라보며
지금 여기에서
한 조각의 기도를 바친다.

다 드리고 드려
마지막 무로 남을 때까지
아무데도 갈 곳이 없는
바람으로 남을 때까지

나는 그렇게
길을 걸을 것이다.
이것이 내가 여기에서 살아가는
한 가지 이유인 것이기에…

죄를 크게 범한 자의 길은 심히 구부러지고 깨끗한 자의 길은
곧으니라. Proverbs 21:8

105. 명예

명예냐?
재물이냐?
둘 다 가질 수는 없다.
하나만 택해야 한다.

삶이냐?
죽음이냐?
의로운 삶이 없고
비겁한 죽음이 없다.

의롭게 죽느냐?
비겁하게 사느냐?
의로운 재물을 가질 수 없고
비겁한 명예를 얻을 수 없다.

부자냐?
가난이냐?
부자는 자유를 누릴 수 없고
가난은 부유를 누릴 수 없다.

믿음이냐?
불신이냐?

믿는 자는 욕심을 부리지 않고
불신자는 평안을 가질 수 없다.

믿음을 가진 자는
평안함을 얻을 것이요
은혜를 입은 자는
강건함을 얻을 것이다.

우리는 언제나
하나에서 살아간다.
우리는 항상
하나를 선택해야 한다.

사람은 다 가지려고
금수가 되기도 하고
인생은 다 누리려고
아귀가 되기도 한다.

많은 재물보다 명예를 택할 것이요 은이나 금보다 은총을 더
욱 택할 것이니라. Proverbs 22:1

5 장

위풍

106. 능숙

마음 깊숙한 곳에서
세상에 나오고 싶어
익을 때를 기다리는
영혼의 소리가 있다.

숨이 떨어지는 아픔을 이기고
하나밖에 없는 형상을 입어
생명으로 잉태되는
출생의 순간.

그 소리를 따라
한 사십년을 걷다보면
뭔가 절정을 이루는
경지가 올 것이다.

이것이 해방의 시간이다.
아무것도 거침이 없고
무엇이나 길이 되는
구원의 자리.

그때가 바로
더 이상 말할 것도

애쓸 것도 없는
선의 자리이다.

그 정도 되어서
하늘을 말해야지.
설익어 떨어지는
초보는 말아야지.

이것만 해도 구차한 목숨을 연명하는
그 이유가 될 것이며
반복되는 삶을 살아가는
그 목적이 될 것이다.

이렇게 걷다보면
어느 날 하늘로 들어가고
모든 경계를 넘어가는
점을 찍게 될 것이다.

네가 자기의 일에 능숙한 사람을 보았느냐? 이러한 사람은 왕
앞에 설 것이요 천한 자 앞에 서지 아니하리라. Proverbs 22:29

107. 허무

없음이
충만한 자리.
아무것도 없는
그곳을 바라본다.

모든 욕망이 끝을 내고
내가 드디어 도달해야 할 곳.
마음을 내려놓는
그 자리에 앉는다.

허무주의는
불러보지 않은 노래이며
허무는
불러 본 후의 노래일 것.

마지막까지
시도해 본 노래와
겁을 먹고 부르지 않은 노래가
어찌 같을 수 있겠는가?

모든 것이 헛되다는 것은
다 해본 자만이 부를 수 있는 노래인 것.

내가 부르는
노래를 들어보라.

결국 인생의 도는
때를 아는 것이다.
노래할 때가 있으면
침묵할 때가 있는 법.

아무나 노래를 부를 수 없고
아무나 입을 다물 수가 없다.
날아가도 아쉽지 않고
사라져도 한숨이 없다.

날아가는 것도 없고
사라지는 것도 없는
오직 내가 내쉬는 숨만
거기에 남게 되는 것이니…

네가 어찌 허무한 것에 주목하겠느냐? 정녕히 재물은 스스로
날개를 내어 하늘을 나는 독수리처럼 날아가리라. Proverbs 23:5

108. 부러움

부러우면
지는 것이다.
너는 너의 할 일이
있지 않은가?

비교하면
비참한 것이다.
너만 있는 하늘의 숨을
가지지 않았는가?

어차피 썩어질 것.
모두 다 놓고 갈 것.
그렇게 쌓아두고
높이 올릴 필요가 있겠는가?

가지려고 해도
없는 사람이 있고
버리려고 해서
없는 사람이 있다.

같은 하늘 아래
살아가면서도

사람들은 이처럼
다르게 살아간다.

같이 살아가는 것이다.
항상 나누며
매일 버리며
그렇게 살아가는 것이다.

그런 사람들과
함께 살아가는 것이다.
아귀처럼 모으지 않고
나무처럼 나누는 것이다.

그 속에서
즐거워하는 것이다.
하루하루 살아감이
생명이 되는 것이다.

너는 악인의 형통함을 부러워하지 말며 그와 함께 있으려고
하지 말지어다. Proverbs 24:1

109. 영화

그렇게 쉽게 믿어진다면
그의 일이 아닐 것이고
그렇게 쉽게 보여 진다면
그의 길이 아닐 것이다.

일생 찾아야 하고
평생 걸어야 할 길.
그래서 난 그의 길이 좋고
그래서 난 이 길을 걷는다.

고뇌 속에서
진리의 싹이 트고
아픔 속에서
생명의 꽃이 피어난다.

한번 마음을 먹으면
죽어도 그 길을 가야하고
한번 파기 시작하면
끝장을 보아야 한다.

마침내
터져 나오는

생명의 강물.
구원의 생수.

하늘을 향하여 눈물을 흘리며
희열과 감격에 젖어
한줌의 흙을 덮고
생명의 씨를 뿌린다.

한 알의 씨앗 속에서
우주를 보며
그 속에서 발현된
생명의 세계를 본다.

숨겨진 비의를 찾아
하늘의 비전을 나누는 것.
그것이 그의 영화요,
이것이 나의 기쁨이다.

일을 숨기는 것은 하나님의 영화요 일을 살피는 것은 왕의 영
화니라. Proverbs 25:2

110. 영예

검은 구름이 올라오면
비가 내린다.
자리를 정리하고
집으로 돌아와야 한다.

힘든 산을 오르면
놀라운 비경이 있다.
힘이 더 들수록
성취는 더 깊은 법.

기도를 드리면
응답이 있다.
그가 가까이 내려온다.
그만큼 하늘과 가까워지기에…

자리에 앉으면
하늘이 보인다.
하늘이 자신을 열어
마음으로 내려오신다.

아침이 되면
언제나 새날이 온다.

끝까지 견디어 내면
마지막에 빛이 온다.

길을 걷지 않으면
새벽에 일어나지 않으면
아침마다 새 길을 떠나지 않으면
그리고 인생의 순례를 시작하지 않으면

그때는 여기를 떠나야 한다.
그렇지 않으면 그것은
세월의 허비요
시간의 낙수인 것.

그렇게 살 필요가 있겠는가?
어디에서든 먹고 살 밥은 있다.
더 이상 하늘 앞에서
죄를 짓지 말라.

꿀을 많이 먹는 것이 좋지 못하니 자기의 영예를 구하는 것이
헛되니라. Proverbs 25:27

111. 제 어

한 번 통하면
귀가 열리고
두 번 계속하면
우주가 보인다.

사소한 것에
목숨을 걸고
죽을지 살지 모르며
앞만 보고 달리다가

문득 지구의 꼭대기에 오르면
화로 가득 찬
깨어진 항아리.
거기에 내가 있다.

저 속에서
울고 웃으며
갈증에 목마른 나는
거기에서 헤어 나오지 못했다.

상대적 비교심에 파묻혀
없는 것만 찾아 헤매는

그런 내가
전부인 줄만 알았다.

내가 추구한 삶은
조금씩 죽이는 것이 아니라
초전에 박살내고
일거에 무너뜨리는 것이었다.

그러다가 어느 날 하늘이 열렸을 때
통찰의 빛이 내게로 들어와
우주의 미소를 지으며
하늘로 들어가게 되었다.

하늘을 알고
자신을 알지 못하면
천하를 얻음이 무슨 의미가 있겠는가?
악인의 제국은 결국 인간의 지옥일 뿐.

자기의 마음을 제어하지 아니하는 자는 성읍이 무너지고 성벽
이 없는 것과 같으니라. Proverbs 25:28

112. 내일의 자랑

먼지 가득한
한 올의 숨을 쉬며
이 땅을 딛고 살아감이
하루살이와 같은 것이거늘

으스대며
거들먹거리며
수염을 잡아당기는 꼴이라니
눈뜨고 볼 수 없는 풍경이다.

살아가는 이유에서
삶의 가치는 결정된다.
육신의 만족인가?
거룩한 완성인가?

매일을 살아가는
하루하루가 쌓여
십년이 지나가도
자랑스러운 일을 하라.

열흘 가는 꽃이 없고
십년 가는 권세 없으니

무엇을 위해 살 것인지는
자신이 바로 알 것이다.

내일 일을 알 수가 없으니
지금을 자랑하지 말고
오늘 내 자리에서
최선을 다하라.

살았다 하나
죽은 자가 있고
죽은 것 같지만
영원한 삶이 있다.

오늘 나의 자리에 앉아
거룩한 길을 가니
일생을 두고
걸어야 할 길이로다.

113. 칭찬

말로 조종하지 말라.
옆에 있어 주고
함께하여 줌을
고맙다고 표현하라.

타인의 칭찬을
기다리지 말라.
상대의 인정을
바라지 말라.

그의 말로 네 기분이 좋아지고
그의 칭찬으로 네가 밝아진다면
너의 자존성을 의심하라.
너의 의존성을 조심하라.

누구에게 엎드려 절함으로
마음이 평안하다면
네 존재를 바로 알라.
어디에 네가 서있는가?

너의 삶은
네가 선택하고

너의 길은
네가 걸어가는 것.

그것이
용기인 것이고
주어진 삶을 살아가는
너의 목적인 것이니

그저 너에게 주어진
그 길을 걸어가면
그것이 네 주변을 밝게 할 것이고
그 빛을 이웃에게 비춰주는 것이니

그것으로 네 존재는
살아가는 이유를 얻는 것이며
죽음의 때를 알게 될 것이다.
네 삶은 네가 살아가는 것이다.

타인이 너를 칭찬하게 하고 네 입으로는 하지 말며 외인이 너
를 칭찬하게 하고 네 입술로는 하지 말지니라. Proverbs 27:2

114. 주린 자

내가 목이 마르나이다.
내가 굶주려 있나이다.
끝없이 먹고 마셔도
계속되는 이 갈증.

이것이 없으면
나도 없는 것이고
이것이 사라지면
나도 사라지는 것이니

이것 때문에
내가 살아가고
이것으로 인해
내가 존재하는 것이니

날마다 물을 마셔도
땀 한 번 흘리면 사라지고
날마다 먹고 또 먹어도
하루가 지나면 배가 고프니

이 걸신들린 목마름을
어찌할 것이며

이 바닥없는 욕망을
어찌할 것인가?

알지 못하면
이것도 없을 것인데
그것을 알아챈 후에는
다시 돌아갈 수 없으니

날마다 자리에 앉아
하늘이 주는 물을 마시고
날마다 묵은 땅을 갈아
하늘이 주는 밥을 먹으니

너희 목마른 자들아, 이리로 오라.
너희 굶주린 자들아, 복이 있으라.
내가 너희의 물이 되고
내가 너희의 밥이 되리라.

배부른 자는 꿀이라도 싫어하고 주린 자에게는 쓴 것이라도
다니라. Proverbs 27:7

115. 투영

하늘에 내가 보인다.
맑으면 맑은 대로
흐리면 흐린 대로
비가 오면 빗물이 떨어진다.

물 위에 내가 비친다.
손으로 휘저어
파동이 이는 수면에
일그러진 미소가 있다.

모든 우상과
욕망의 심연 속에 내가 있다.
깊은 곳에 도사리어 일어났다 사라지는
그 정체는 무엇인가?

이웃의 얼굴 속에
그들의 마음속에
내가 비친다.
거기에 내가 있다.

그들의 거울엔
어떤 내가 비치고 있을까?

저 사람은 누구일까?
무엇을 바라고 있을까?

그들의 얼굴을 보면
거기에 내가 보인다.
아무도 부정할 수 없는
그것이 진실이다.

하여 나는 언제나 깨어
차가운 서릿발을 서리며
영성의 눈보라가 날리는
그곳에 있어야 한다.

거기에서는
한 점 티도 없는
맑은 미소가 보여야 한다.
그 미소로 나날을 살아가야 한다.

물에 비치면 얼굴이 서로 같은 것 같이 사람의 마음도 서로 비
치느니라. Proverbs 27:19

116. 도망

무엇이든지
정면으로 맞이하라.
회피하거나
눈을 감지 말라.

하늘이 허락지 않으시면
참새 한 마리도
떨어지지 아니하나니
무엇이 그렇게 두려운 것이더냐?

목숨을 버리는 자는
하늘을 얻을 것이요
목숨을 아끼는 자는
삶의 명을 잃으리라.

허상을 좇지 말고
환상에 속지 말라.
눈을 뜨고 맞이하면
모든 두려움이 사라지리니

하늘 아래
한 점의 걸림이 없다면

한 점의 두려움도
물러갈 것이라.

거기까지
최선을 다하면 되는 것이고
그것까지
가슴에 품으면 되는 것이다.

비겁하게 죽지 말고
당당하게 죽음을 맞이하라.
그것을 위해
지금까지 네가 살아온 것이다.

비겁한 삶은
매일 죽는 것이요
담대한 죽음은
영원히 사는 것이다.

악인은 쫓아오는 자가 없어도 도망하나 의인은 사자 같이 담
대하니라. Proverbs 28:1

117. 가증한 기도

듣지 않고는
말하지 말라.
너의 귀를 막으면서
내게 기도하지 말라.

네가 지키지 못할 것은
설파하지 말라.
다만 지금
너의 고백을 하라.

계시가 없다면
전하지 말라.
깊은 묵상이 없는 깨우침은
말하지 말라.

부끄러운 글은
쓰지를 말라.
항상 영성 수행의
칼날 위를 걸으라.

참으로 가증하다.
너의 욕망에 진저리가 난다.

그 썩은 냄새가
여기까지 올라오고 있다.

그만 너의
악취를 그치라.
거룩한 발걸음에
재를 뿌리지 말라.

한 번 뱉은 말은
영원히 존재하는 것이고
네가 내어보낸 숨은
너의 그림자인 것이니

하늘을 빙자하여
욕심을 채우지 말라.
마음의 느낌을
하늘의 뜻으로 착각하지 말라.

사람이 귀를 돌려 율법을 듣지 아니하면 그의 기도도 가증하
니라. Proverbs 28:9

118. 풍족

당신이 나의 전부입니다.
더 이상 다른 것이
내게는
필요하지 않습니다.

당신에게 도달함이
내 삶의 이유입니다.
날마다 걷기 위해
다시 일어섭니다.

멈추고 자빠짐은
내 삶의 죽음입니다.
그때는 살아갈
이유가 없습니다.

당신과 하나 됨이
노래를 부르는 목적입니다.
사랑으로
나의 영혼을 불사릅니다.

더 이상 세상의 욕망에
남아있고 싶지 않습니다.

더 이상 구차한 숨을
멈추고 싶습니다.

당신의 숨을 받아들이고
더러워진 숨을 내뱉으며
이렇게 영원을 향하여
오늘을 살아갑니다.

날마다 하늘의 진리 안에 있으면서
우리를 그것을 잊어버리고
다시 또 다시
마음을 찾습니다.

이것이 삶인가요?
우리는 언제까지
이렇게 살아야 하나요?
언제나 질문이 나의 대답입니다.

욕심이 많은 자는 다툼을 일으키나 여호와를 의지하는 자는
풍족하게 되느니라. Proverbs 28:25

119. 억제

다 할 수는 없다.
다 말할 필요도 없다.
삶은 언제나
압축이고 통찰이다.

꼭 말해야 하는가?
꼭 설명해야 하는가?
하늘로부터 부여받은
소명은 어디에 있는가?

다 먹어서는 안 된다.
마지막 그것은
남겨야 한다.
그것은 하늘의 것이다.

열 받을 것도 없고
화를 낼 것도 없다.
그저 조용히
자기의 일을 하면 된다.

나머지는 하늘이 할 것이다.
때가 되면

하늘이 내려올 것이다.
결국 진리가 승리할 것이다.

억지로 한 것이
성공한 적이 없다.
마지못해 한 것은
거기까지일 따름이다.

재밌어야 한다.
신명이 나야 한다.
하고 또 해도
질리지 않아야 한다.

나를 향하신
하늘의 소리를 들어야 한다.
영혼 깊숙이 터져나는
그 샘을 파야 한다.

어리석은 자는 자기의 노를 다 드러내어도 지혜로운 자는 그
것을 억제하느니라. Proverbs 29:11

120. 묵시

사람이 하늘 무서운 줄을 모르면
마음의 소리를 잃어버리게 된다.
그렇다면 그의 생명은
이미 끝나버린 것.

더 이상 살았다 하나
이미 산 것이 아니다.
다만 숨을 쉬고 있는
하나의 미생물일 뿐.

그들도 자기가 숨을 쉬고 있는 것은 안다.
그들도 자기가 가야할 길은 알고 있다.
다만 묵묵히 주어진
길을 걸어갈 뿐이다.

만약에 그렇다면
사람이 그것들보다 나은 게 무엇인가?
적어도 길을 걸어가는 것이라면
그들이 사람보다 분명할 것이다.

그렇기에 그것은
사람을 위한 마지막 길을 알려주는 것이다.

지키느냐, 지키지 않느냐의 문제가 아니라
길인가, 아닌가, 그것의 문제이다.

하여 우리는 언제나
우리가 걸어갈 길을 묻는다.
삶을 살아가는 지침을
알고 싶은 것이다.

그것은 우리의 멍에가 아니라
삶의 방향을 정해주는 이정표요
갈 길을 알려주는 지도인 것이니
그것이 있다는 것이 우리의 기쁨이 된다.

나는 거기에서 길을 찾는다.
읽고 또 읽으면
하늘의 양식이 나온다.
샘이 터질 때까지 자리에 앉는다.

121. 미련한 자의 희망

나는 부자를 원하지 않고
가난한 자를 원한다.
그가 내 길에
더 가까이 있다.

나는 지혜로운 자를 부르지 않고
미련한 자를 불러 나의 일을 맡긴다.
그가 나의 일에
더 충성한다.

나는 잘난 자를 선택하지 않고
못난 자를 불러 나의 일을 이룬다.
그들은 나의 일보다
자신의 일에 더 바쁘다.

나는 똑똑한 자를 좋아하지 않고
부족한 자를 좋아한다.
그들은 겸손히
자기의 할 일을 한다.

세상의 미련한 것이
구원의 역사를 드러내며

세상에서 버림받을 때
하늘에서 쓰임을 받는다.

하여 우리가 나아갈 길은
더욱 분명해진다.
고난 받고 피 흘림을 통해
하늘의 길이 열려지는 것.

그래서 우리는
생명의 어머니를 따르며
눈물의 누이를 사랑한다.
고난의 형제를 품에 안는다.

이것이 나에게 남겨진 일이라면
나는 기꺼이 그 길을 걸어갈 것이다.
아무도 나를 막을 수 없고
아무도 나를 해할 수 없다.

네가 말이 조급한 사람을 보느냐? 그보다 미련한 자에게 희망
이 있느니라. Proverbs 29:20

122. 성내는 자

성질을 낸다는 것은
하늘보다 앞서는 것이다.
자기가 앞장서서
모든 일을 하는 것이다.

노를 발한다는 것은
자기의 뜻대로 하려는 것이다.
자기 뜻대로 되지 않는다고
안색이 변하는 것이다.

모든 것이
그의 손에 있으니
그의 뜻을 기다려야 한다.
그의 뜻대로 이루어져야 한다.

지금 나의 뜻대로 되지 않는다고
지금 나를 알아주지 않는다고
화를 내거나
조급할 필요가 없다.

세상의 인정을 받는 자는
하늘의 인정을 받을 수가 없고

세상에서 상급을 받으면
하늘에서 받을 상급이 없는 것.

세상의 욕망은
하늘의 뜻과 반하고
하늘의 뜻은
세상의 욕망을 부수는 것.

바위가 모래가 되듯이
우리는 하늘 앞에
한 점
모래가 되어야 한다.

자기의 일을 하는 자는
다툼을 일으킬 것이고
하늘의 일을 하는 자는
평화를 가져올 것이다.

노하는 자는 다툼을 일으키고 성내는 자는 범죄함이 많으니라.
Proverbs 29:22

123. 하루의 기도

날마다 당신 앞에 나아가
하루의 기도를 드립니다.
당신의 뜻을 이루소서!
당신의 뜻을 따르게 하소서!

날마다 당신의 손을 잡고
주어진 하루의
길을 걸어갑니다.
생명의 얼굴이 거기에 있습니다.

향기를 맡으며
사랑을 나누며
말 한마디를 건넵니다.
이름이 뭐예요?

모든 것에는 이름이 있습니다.
그 자리에
그 얼굴에
존재의 이유가 있습니다.

날마다 당신께 돌아가
하루의 삶을 바칩니다.

이 가난한 땅에 오셔서
생명의 비를 내리소서!

우린 언제나 당신 안에 있습니다.
당신의 마음 안에서
당신의 사랑 안에서
생명의 숨을 쉬고 있습니다.

살아감이 기도며
숨을 쉼이 노래입니다.
길을 걸음이 삶이요
자리에 앉음이 수행입니다.

당신이 주신 숨을 간직하며
그 신성을 내 안에 모시는 것.
이것이 나의 행복이며
이것이 내가 걸어갈 길입니다.

124. 견딜 수 없는 것

머리를 돌리고
악취를 풍기며
눈뜨고는 볼 수 없는
현상이 지배한다.

눈부신 설산에 올라
쓴 연기를 피어대며
위장에 독을 들이붓는
되지 못한 인간들처럼

눈살을 찌뿌리며
자기도 망하고
생명도 죽이는
독종을 퍼트린다.

자기도 하늘에 들어가지 않고
남도 들어가지 못하게 하는
가장 사악한
죄악을 행한다.

무서운 일이다.
천년의 역사에

오명을 남기는
저주의 일이다.

오르지 못할 자가
올라선 안 될 자리에 앉아
교만을 행하는
방자의 극치다.

자기의 자리를 알고
말해야 할 때를 아는 것.
조용히 지내는 것이
최선일 때가 있다.

적어도 난 그렇지 않아야 한다.
겸손히 나의 자리에 앉아
날마다 나의 하늘로
들어가야 한다.

종이 임금된 것과 미련한 자가 음식으로 배부른 것과 미움 받
는 자가 시집 간 것과 여종이 주모를 이은 것이니라. Proverbs
30:22-23

125. 가장 지혜로운 것

길을 간다.
끊임없이
쉬지 않고
주어진 길을 걸어간다.

산이 있으면 올라가고
강이 있으면 넘어간다.
언제나 거기까지
최선을 다한다.

아무 곳에서나 쉬지 않는다.
아무런 곳에나 집을 짓지 않는다.
쉴직 한 곳이 아니면 멈추지 않고
머물 만한 곳이 아니면 눕지 않는다.

하루를 쉬더라도
마음 가는 곳에 가고
한 달을 머물지라도
누울 만한 자리에 눕는다.

네가 앞장서면
내가 밀어주리라.

우리 중에 누구는
책임을 져야 하기에

네가 힘들면
내가 도와주고
내가 내려놓으면
네가 맡아야 한다.

적어도 우리는
하늘에서 온 자들이니
날마다 하늘을 바라보며
하늘의 뜻에 따라야 한다.

진리가 아니면 구하지 않고
정의가 아니면 따르지 않는다.
아무것이나 먹지 않고
아무것이나 바라지 않는다.

힘이 없는 종류로되 먹을 것을 여름에 준비하는 개미와 악한
종류로되 집을 바위 사이에 짓는 사반(coney)과 임금이 없으되
떼를 지어 나아가는 메뚜기와 손에 잡힐 만하여도 왕궁에 있
는 도마뱀이니라. Proverbs 30:25-28

126. 위풍

하루를 살더라도
제대로 산다.
허세가 아니라
삶이요 생활이다.

눈은 정면을 바라보고
허리는 곧추 세우고
입은 옆으로 찢으며
발걸음은 하늘로 향한다.

태산처럼 자리에 앉아
조금도 흔들리지 않는다.
숨은 아랫배로 내리쉬며
가슴으로 할딱거리지 않는다.

말은 무게가 있고
예와 아니오가 분명하다.
오랜 지혜와 통찰이
그 속에 들어있다.

먹을 수도 있고
먹지 않을 수도 있는 것.

아무것이나 먹지 아니하고
그릇에 고개를 처박지 않는다.

이웃을 생각하며
먹을 것만 먹는다.
한 톨의 밥이라도
버리지 않는다.

손을 오그리지 아니하고
항상 밖으로 내민다.
구걸하듯 구하지 아니하고
언제나 나눌 것을 생각한다.

기회가 오면
나누면 되는 것이고
가진 것이 없으면
내 몸을 주면 되는 것이다.

짐승 중에 가장 강하여 아무 짐승 앞에서도 물러가지 아니
하는 사자와 사냥개와 숫염소와 및 당할 수 없는 왕이니라.
Proverbs 30:30-31

127. 너의 손

할 말이 없다.
통한을 남긴다.
수없는 시간이 흐르고
수많은 기회가 주어졌지만

마지막 정상에 오르면
끝까지 자신을 지켜야 함에도
시험에 들고
유혹에 빠져

축복을 저주로 만들고
성공을 내동댕이쳐
문 밖에서 이를 갈며
나락으로 떨어진다.

모든 것은
나의 책임이다.
내 삶은
내가 살아야 한다.

걸어도 내가 걸어왔고
먹어도 내가 먹은 것.

마지막 선택은
내가 하는 것이다.

그러하니 내가 아니라고
핑계를 대지 말라
아쉬운 결과라고
변명을 하지 말라.

누구에게나 기회는 오는 것이고
주어진 시간은 다시 오지 않는 것이니
한 번 지나간 세월은
돌이킬 수 없는 것.

마지막까지 최선을 다하고
나머지는 하늘에 맡기라.
더 이상 여한이 없는
생명의 삶을 살아가라.

만일 혹 악한 일을 도모하였거든 네 손으로 입을 막으라.
Proverbs 30:32

128. 너의 힘

할 수 있는 한
자리에 앉습니다.
살아 있는 한
하늘을 바라봅니다.

걸을 수 있는 한
길을 걷습니다.
순례가 아니라면
삶이 무슨 의미일까요?

숨을 쉬는 한
아랫배에 숨을 모으고
생각할 수 있는 한
진리를 명상합니다.

아무것도 원하지 않고
아무것도 바라지 않습니다.
그저 당신을
닮아가고 싶은 것입니다.

먹자고 하는 것이 아니고
욕망을 채우려는 것이 아니라

내 가난한 마음에
당신을 담으려는 것이니

어디든 당신이 보이면
거기에 머무르겠으며
언제고 당신의 소리가 들리면
거기에서 무릎을 꿇겠습니다.

하루의 삶을 살아가며
당신이 나의 전부이니
그것이 나의 행복이며
그것이 나의 만족입니다.

당신의 빛이 보이면
그때 거기에 앉아
당신을 생각하며
영면에 들겠습니다.

네 힘을 여자들에게 쓰지 말며 왕들을 멸망시키는 일을 행하
지 말지어다. Proverbs 31:3

129. 입을 열라

이때를 위하여
네가 여기에 있음이며
이것을 위하여
네가 지금까지 숨을 쉬는 것이니

살아있는 한
하늘의 뜻을 따르며
숨이 붙어있는 한
정의를 외치라.

불의한 권세 앞에
입을 다물지 말고
세상의 권력 앞에
무릎을 꿇지 말라.

오로지 하늘을 바라보며
하늘의 말을 받아 적으라.
하늘의 뜻을 세상에 전하라.
하늘의 길을 걸어가라.

네가 입을 다물면
누가 하늘 뜻을 가르치겠으며

누가 이 메마른 땅에
의로운 비를 내리겠느냐?

네가 잠잠하면
돌들이 소리를 지르리니
억울한 자의 피 값을
네 손에서 찾을 것이라.

가진 자 앞에서 비겁하지 말고
가난한 자라고 동정하지 말라.
옳은 것은 옳다 하고
그른 것은 그르다 하라.

그리고 마지막엔
옳고 그른 것을 넘어
모든 것을 너의 가슴에 안으라.
네 입을 열어 생명의 노래를 부르라.

너는 말 못하는 자와 모든 고독한 자의 송사를 위하여 입을 열
지니라. Proverbs 31:8

130. 신원

내 억울함을 풀어 달라.
가난하다고
진리를 말한다고
그렇게 뭉갤 수는 없다.

나를 죽음의
구렁텅이에 넣어
죽음의 삿대질을
할 수는 없다.

이대로는 죽을 수가 없다.
정신이 깨어나고
찢긴 몸이 살아나
역사를 일으켜야 한다.

정의는 결코 죽지 않고
진리는 사라지지 않는다는 것을
이 어두운 세상에
보여주어야 한다.

죽음의 사람들이
무덤에서 다시 일어나

부활의 진실을
증거해야 한다.

억울함의 한을 풀고
빈곤의 고리를 끊어
공의가 살아있음을
세상에 나타내야 한다.

한줄기 빛을 모으면
불이 일어나고
민중이 힘을 모으면
혁명이 일어난다는 것.

기필코 정의가 승리하며
억울한 자는 반드시
신원된다는 것.
우리가 그것을 증명해야 한다.

너는 입을 열어 공의로 재판하여 곤고한 자와 궁핍한 자를 신
원할지니라. Proverbs 31:9

에필로그(Epilogue)

그대,
자유의 바람이여!
그물에 걸리지 않는
하늘의 순례자여!

날마다
빈 걸망을 메고
영성의 산을
오르라.

너의 영혼을
수정처럼 갈고 닦아
어둠을 밝히는
거울이 되라.

너의 삶을 통해
세상에 희망을 주고
너의 미소를 통해
하늘이 웃게 하라.

진리의 불을 밝혀
생수를 흐르게 하고
생명의 존재를

꽃피우게 하라.

물이 고이면
물이 아니고
바람이 멈추면
바람이 아니듯

막힌 둑을 터
흐르게 하고
멈추었던 노래를
부르게 하라.

그대가 가는 길에
나도 함께하여
그대와 나란히
길을 걸어가리.